董事高管
责任保险
对企业行为的影响

The Effect of Directors'
and Officers' Liability
Insurance on Corporate Actions

周泰云　著

中国财经出版传媒集团

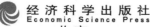

经济科学出版社
Economic Science Press
北京

图书在版编目（CIP）数据

董事高管责任保险对企业行为的影响/周泰云著
. −−北京：经济科学出版社，2023.10
ISBN 978 − 7 − 5218 − 5271 − 4

Ⅰ.①董⋯　Ⅱ.①周⋯　Ⅲ.①上市公司 − 管理人员 −
责任保险 − 影响 − 企业行为 − 研究 − 中国　Ⅳ.
①F279.23

中国国家版本馆 CIP 数据核字（2023）第 199011 号

责任编辑：胡成洁
责任校对：刘　昕
责任印制：范　艳

董事高管责任保险对企业行为的影响
DONGSHI GAOGUAN ZEREN BAOXIAN DUI QIYE XINGWEI DE YINGXIANG
周泰云　著

经济科学出版社出版、发行　新华书店经销
社址：北京市海淀区阜成路甲 28 号　邮编：100142
经管中心电话：010 − 88191335　发行部电话：010 − 88191522
网址：www. esp. com. cn
电子邮箱：espcxy@ 126. com
天猫网店：经济科学出版社旗舰店
网址：http：// jjkxcbs. tmall. com
北京季蜂印刷有限公司印装
710 × 1000　16 开　13 印张　220000 字
2023 年 10 月第 1 版　2023 年 10 月第 1 次印刷
ISBN 978 − 7 − 5218 − 5271 − 4　定价：60.00 元
（图书出现印装问题，本社负责调换。电话：010 − 88191545）
（版权所有　侵权必究　打击盗版　举报热线：010 − 88191661
QQ：2242791300　营销中心电话：010 − 88191537
电子邮箱：dbts@ esp. com. cn）

前　言

　　上市公司董事、监事以及高级管理人员因违反法律、行政法规或者公司章程的规定，损害股东的合法利益，股东可以提起诉讼。因而，股东诉讼成为解决委托代理问题的一种手段，对管理层起到了威慑作用。企业给管理层购买董事高管责任保险会降低与此类诉讼相关的管理人员的诉讼风险，但可能弱化法律的约束机制，诱发道德风险问题。然而，董事高管责任保险通过引入保险公司的外部监督，也可能会降低代理成本，抑制管理层机会主义行为。所以，探究董事高管责任保险是管理层的"自利工具"还是企业的"治理利器"显得格外必要。本书系统考察了董事高管责任保险对企业行为的影响，依次选取与社会经济发展相关联的企业战略选择行为、金融化行为、创新行为以及社会责任行为进行分析，为我们理解董事高管责任保险的作用机制与治理效应奠定基础，对于规范管理者行为、完善公司治理、健全规章制度具有重要的启示。

　　本书首先阐述研究背景和研究意义，确立研究方法与具体思路，概括研究内容和创新之处（第 1 章），从董事高管责任保险、企业战略选择、金融化、创新以及社会责任这五个角度回顾和梳理了现有文献，并总结国内外学者的主要研究方向和不足之处（第 2 章）。接着，对董事高管责任保险和企业行为相关概念进行了界定，同时分析与本书研究内容相关的理论，包括新产业组织理论、信息不对称理论、委托代理理论以及风险决策理论，并介绍了中国董事高管责任保险发展的制度背景（第 3 章）。然后，利用面板多元回归模型从以下四个方面进行实证检验。

　　第一，将研究视角上升到企业整体战略层面，考察了董事高管责任保险对战略选择行为的影响及其作用机制（第 4 章）。研究发现，董事高管责任保险显著提高了企业战略激进程度，该结论在使用工具变量法控制内生性和以倾向得分匹配法矫正样本选择偏差后仍然成立。机制分析表明，企业战略之所以趋于激进，是因为董事高管责任保险能够提高风险承担水平和缓解融资约束程度。

机制效果分析显示，董事高管责任保险产生自利效应而非激励效应，会加剧管理层的道德风险问题，诱发更多的机会主义行为，进而作用于企业战略选择。

第二，将研究视角集中于企业具体行为层面，在战略选择的指导下，从自身效用满足程度出发，按照经济性由强到弱，先选取预期回报率高的金融化行为，分析了董事高管责任保险与企业金融化之间的关系（第5章）。结果表明，董事高管责任保险提高了企业金融资产配置水平。上述结论在一系列稳健性检验后仍然成立。进一步研究发现，董事高管责任保险的"金融化效应"仅在融资约束程度较高和外部监管力度较弱的企业中存在，证实了企业进行金融资产配置更多的是出于"投资替代"动机，而非"蓄水池"动机，因而合理引导企业资金回归实体经济显得尤为重要。

第三，选取具有正外部性的创新行为，探讨了董事高管责任保险对企业创新的影响（第6章）。研究发现，企业在购买董事高管责任保险后，发明专利授权量和引用量更少，而专利授权总量和非发明专利授权量更多，说明企业只是提高了策略性创新水平，并没有增加实质性创新成果。进一步研究发现，当企业所在地区投资者保护水平较高、行业竞争较激烈、管理者中女性占比较高以及有"大饥荒"经历时，董事高管责任保险对实质性创新的阻碍作用更为显著。这些实证结果表明董事高管责任保险对公司治理具有负面效应。

第四，选取非经济性的社会责任行为，考察了董事高管责任保险如何影响企业社会责任投资（第7章）。结果表明，董事高管责任保险显著降低了企业社会责任履行程度，支持了机会主义假说，原因在于董事高管责任保险会加剧信息不对称和粉饰短期业绩水平。同时，董事高管责任保险对企业社会责任的负向影响在内外治理压力较小时更为明显。此外，购买董事高管责任保险所带来的企业社会责任投资减少是一种长期行为，会损害企业的价值创造、市场表现以及能力盈利。

总体而言，本书的研究结果表明董事高管责任保险在中国资本市场中并没有发挥积极的外部治理作用，反而会诱发管理层更多的机会主义行为，提高企业战略激进度，增加金融资产配置，减少实质性创新产出，并且降低社会责任履行程度。本书的研究深入揭示了董事高管责任保险与企业行为之间的内在联系，为保险机构和监管部门完善董事高管责任保险的设计以及改进配套措施提供参考依据（第8章）。

目　录

第1章 绪　　论

1.1　研究背景与研究意义

1.1.1　研究背景

高质量发展是现代化经济体系的本质特征，也是供给侧结构性改革的根本目标。而企业作为市场经济的微观经营主体，在转变发展方式、优化经济结构、转换增长动力等方面都承担着重要作用。其中，上市公司凭借其较为庞大的资产规模、相对健全的治理制度以及较为稳定的发展质量，成为促进经济发展的"排头兵"和"助推器"。截止到 2020 年末，中国境内 A 股上市公司共有 4140 家，总市值达 79.60 万亿元，合计实现营收超 53 万亿元，同比增长 2.49%，约占国内生产总值的 52.3%，① 涵盖了国民经济全部 90 个行业大类，包括 70% 以上国内 500 强企业。

企业的高质量发展离不开战略的有力支撑。战略选择反映了企业资源配置的方向、管理者的经营理念以及主营业务的发展模式，奠定了企业长远发展的基础（S. Zahra and J. Covin，1993）。一般而言，每个企业会结合政治、经济、制度等宏观环境和企业内部组织结构、经营模式等基本因素，以及管理者的情感、认知等非理性因素，选择自身的发展战略。合适的企业战略能够带来

---

① 数据来源：2021 年《中国统计年鉴》和 Wind 数据库。

竞争优势，保障企业的可持续发展，而不适当的企业战略可能导致市场竞争力下降，甚至走向破产倒闭。例如，曾经的手机行业霸主诺基亚和影像行业巨头柯达都因选择保守封闭型战略，造成企业迅速衰落；而苹果公司采取差异化战略，注重研发创新，在产品性能、操作系统等方面与其他品牌存在明显差异，形成了强大的技术优势、产品优势和市场优势，成为高科技行业的领军者。

为了实现战略目标，企业可能在金融资产、技术创新、社会责任等具体行为上调整资源配置。近年来，产能过剩致使实体企业投资回报率不断下降，在资本逐利性的驱动下，大量资金脱离实体经济流向具有超额利润率的金融、房地产等行业，加剧了金融体系中的"资金空转"，我国经济出现了"脱实向虚"的倾向。可以说，实体企业倾向于投资金融资产，挤占了主营业务投资，损害了未来主业业绩的发展，甚至可能造成经济的虚假繁荣，出现泡沫经济，进而诱发金融危机。在此背景下，2017 年 7 月成立了国务院金融稳定发展委员会，旨在服务实体经济、防控金融风险和深化金融改革。党的二十大报告提出要"坚持把发展经济的着力点放在实体经济上"，要"深化金融体制改革"。这些政策表明国家对于企业金融化问题的高度重视，主动寻求合适的改革措施去防范和化解经济"脱实向虚"的风险。表 1-1 显示了 2012~2020 年中国上市公司购买理财产品的基本情况。由表 1-1 可知，2013 年购买理财产品的上市公司突然激增，随后保持平稳增长的趋势，截止到 2018 年 12 月，沪深 A 股上市公司中共有 1317 家购买了理财产品，占全部上市公司的 36.9%，持有理财产品 25341 个，同比增长 41.3%，理财资金合计约为 1.79 万亿元，同比增长 28.4%，这说明越来越多的上市企业热衷于购买理财产品。此外，据 CS-MAR 数据库的统计，非金融类 A 股上市公司金融资产总规模从 2007 年的 3163.53 亿元增长到 2018 年的 25753.41 亿元，年均增长率为 21.0%，可见资金存在脱离实体经济、流向金融领域的倾向。但在 2019~2020 年，上市公司购买理财产品的数量和金额均有所下降，说明国家在防范系统性金融风险、抑制实体企业金融化方面发挥着重要作用。

表 1 - 1		上市公司购买理财产品基本情况	
年份	购买理财产品公司数（家）	持有理财产品个数（个）	理财资金合计（万亿元）
2012	26	90	0.01
2013	286	2209	0.16
2014	442	4632	0.35
2015	640	7464	0.57
2016	846	10246	0.85
2017	1273	17929	1.40
2018	1317	25341	1.79
2019	1192	22449	1.47
2020	1248	20057	1.46

数据来源：Wind 数据库。

　　党的二十大报告指出，创新是第一动力，应坚持创新在我国现代化建设全局中的核心地位。随着新一轮科技革命的不断深入以及我国经济增长方式的转变，创新成为引领经济发展的内在驱动力。其中，企业作为技术创新的微观主体，创新是企业战略计划的重要内容，能够提升市场竞争力、推动产业结构转型升级、促进经济可持续发展。但创新是一项高风险性和充满不确定性的长期投资活动，企业往往面临着研发动力不足的问题。此外，在创新过程中还存在着关键核心技术短板突出、科技成果转化率较低等现实困境。为此，要不断激励企业开展实质性创新活动，增强创新质量和创新能力，而不是将创新停留在研发投入和专利数量等表面数字增加上。根据东方财富 Choice 的数据，2020年中国上市公司研发费用合计约为 10119.98 亿元，与 2019 年相比增长约1127.1 亿元，同比增长 12.5%。图 1 - 1 展示了 2007 ~ 2018 年上市公司发明专利授权量与非发明专利授权量占专利授权总量的比重，可以看出，非发明专利授权量始终大于发明专利授权量，两者之间的差距总体上是在缩小，然而在2018 年中国上市公司发明专利授权量为 5.6 万件，非发明专利授权量为 15.9万件，非发明专利授权量大约是发明专利授权量的 2.8 倍，两者之间的差距较

2017 年出现扩大趋势，说明相比于技术要求较低的非发明专利，高质量的发明专利产出明显不足。

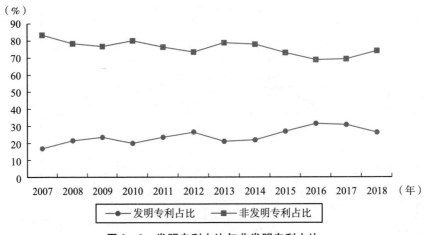

图 1 − 1　发明专利占比与非发明专利占比

数据来源：CNRDS 数据库。

不可忽略的是，中国企业在追求经济利润最大化的同时，如今更多地考虑到社会综合价值最大化，社会责任意识也越来越强，并逐渐将社会责任作为企业战略的重要组成部分。其中，环保投入、减污降碳、慈善捐赠等行为都是企业承担社会责任的具体表现。党的十九大报告中也明确提出要"强化社会责任意识"。2015 年《社会责任指南》《社会责任报告编写指南》《社会责任绩效分类指引》三项国家标准的发布，不仅为企业开展社会责任活动提供了法律依据，而且能更好地推动企业履行社会责任。同时，通过税收优惠、财政补贴等政策激励企业投资社会公益慈善事业、节能环保产业等。这对于全面贯彻"创新、协调、绿色、开放、共享"的新发展理念，构建新发展格局而言具有重要的现实意义。图 1 − 2 列出了 2010 ～ 2018 年中国上市公司社会责任报告披露数量以及报告评级得分，可以看出，社会责任报告披露数量呈逐年递增趋势，其中，2018 年共有 851 家公司发布了社会责任报告，占全部上市公司的 23.7%，说明上市公司披露社会责任信息正逐渐成为市场主流趋势。但 2018 年上市公司社会责任报告的平均评级得分为 42.5 分，同比下降了 1.8%，表明企业社会责任意识整体不强，出现了发展瓶颈。

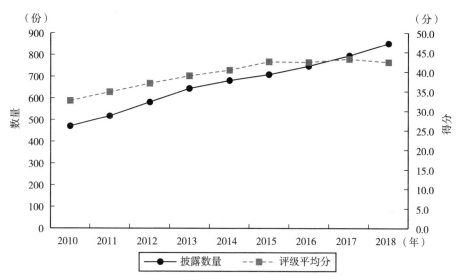

图 1-2　上市公司社会责任报告披露数量和报告评级平均分

数据来源：润灵环球数据。

　　然而，企业的行为离不开管理者的决策。2020 年 3 月 1 日新《证券法》正式实施，做出了一系列制度改革：一是全面推行证券发行注册制度，使得上市公司管理层面临更为严格的外部监督；二是提高违法违规成本，董事、监事以及高级管理人员作为上市公司"第一责任人"，执业风险显著增加；三是完善投资者保护制度，探索了适应中国国情的证券民事诉讼制度，投资者法律保护意识增强，从而会引起管理者诉讼风险提高。图 1-3 从诉讼案件角度分析董事、监事以及高级管理人员的履职风险。根据《民事案件案由规定》，与管理层责任风险相关的案件主要集中在"损害公司利益责任纠纷"和"证券虚假陈述责任纠纷"两个案由中，利用 Wind 数据库，筛选并整理出上市公司与董监高责任风险相关的诉讼案件。由图 1-3 可知，2013～2018 年，上市公司与管理层责任风险相关的案件数和涉案金额均呈逐年波动递增趋势，且在 2017 年和 2018 年相关案件数和涉案金额明显高于往年。随着管理者在履职时产生的决策风险越来越高，被要求承担的管理责任越来越多，管理者可能为了维护自身的利益和声誉，在投资决策时倾向于采取风险规避的保守策略。

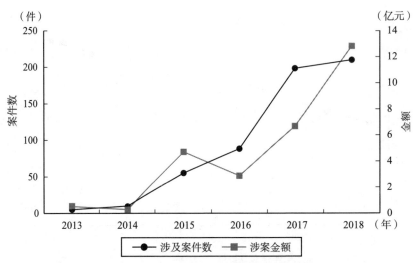

图1-3   上市公司与董监高责任风险相关的案件数和涉案金额

数据来源：Wind 数据库。

2020 年 4 月，瑞幸咖啡财务造假事件引发美国多家律所对其进行集体诉讼，但瑞幸咖啡在赴美上市前已经购买了保额为 2500 万美元的董事高管责任保险，财务造假是否在该保险的赔偿范围内仍有待进一步考察，但让董事高管责任保险的知名度在国内得到显著提升。近年来，越来越多的中国上市公司选择为董事、监事以及高级管理人员购买董事高管责任保险。据统计，认购董事高管责任保险的上市公司数量从 2002 年的 27 家上升到 2021 年的 770 家，实际参保率从 2.06% 上升到 16.13%。[①] 董事高管责任保险作为一种纯粹的风险分散型保险，是对公司董事、监事以及高级管理人员行使其职责时因错误或疏忽而产生的不当行为进行赔偿的保险合同。其积极作用是保护管理者自身的财产安全，减少管理者在决策时的后顾之忧，降低履职风险，充分发挥主观能动性和积极性，激励其接受风险性较高但具有价值的投资项目，为企业更好地发展出谋划策。同时，保险机构可能以外部监督者的身份，积极参与公司治理，

---

① 数据来源：依据上市公司年报、股东大会信息文件和董事会公告等途径手工搜集整理。

抑制管理层的道德风险。然而董事高管责任保险自诞生之日起就天然存在两个问题：一是该保险可以消减管理者因法律诉讼所带来的经济负担，这无疑会降低证券处罚和民事赔偿诉讼的威慑作用；二是保险的本质是缓冲未来随机事件发生而产生的后果，但是否从事违法行为是由管理者的主观能动性所决定，这并不是一种随机事件，进而可能引发道德风险问题，助长管理者实施机会主义的动机，造成企业价值受损。因此，随着董事高管责任保险覆盖率的上升，其作为管理者最为纯粹的避险工具，可能会改变管理者对风险的容忍度，影响决策过程，从而作用于企业的经营、投资和财务等方面，但会产生什么样的影响、能否发挥外部治理效应，是需要进一步研究的问题。

传统的经济学研究中，企业行为的涵盖范围较广，具体包括了投资行为、生产行为、交换与分配行为等。而管理层作为企业决策的制定者和实施者，对同当前经济发展诉求相契合的企业行为具有重要影响。为此，本书基于中国独特的制度环境以及企业发展的现状，系统考察了董事高管责任保险与企业行为之间的内在联系。在研究视角选取中，从横向上，分析整体层面企业战略选择行为以及在战略选择指导下的具体行为；从纵向上，以自我效用满足程度为依据，按照企业具体行为的经济性由强到弱，依次选取了金融化行为、创新行为以及社会责任行为。

具体而言，我们主要回答以下四个问题：首先，基于整体层面，企业战略是为实现企业长远目标而配置资源的一系列有组织的行为。战略选择反映了管理层的经营理念和风险态度，如果董事高管责任保险激发了管理者的冒险精神和风险偏好，则企业战略偏向进攻型，如果董事高管责任保险没有改变管理者保守谨慎和风险规避的风格，则企业战略偏向防御型。因此，我们探讨的第一个问题是董事高管责任保险会引起企业战略选择行为怎样变化以及如何影响其变化。此外，董事高管责任保险不仅影响企业战略选择，也会作用于战略选择指导框架之下的企业具体行为，这种具体行为对企业发展是利还是弊，主要存在两种不同的观点：一是董事高管责任保险作为一种外部治理机制，可能发挥监督职能，有助于缓解代理问题，约束管理者行为，推动企业发展；二是董事高管责任保险转移了管理者的诉讼风险，弱化了法律的威慑作用，诱发管理者道德风险和机会主义行为，会阻碍企业发展。而企业具体行为的选取思路在于：一般而言，进攻型战略的企业会实施更加激进的决策，细化到投资行为上可能有选择地扩大投资范围、提高投资规模，而防御型战略的企业与之相反，可能会压缩投资范围，利用现有产品与服务维护其在行业中的地位。

本书按照经济性由强到弱，依次选取企业金融化行为、企业创新行为以及企业社会责任行为。其中，金融化行为是非金融类企业将资产配置到金融、房地产等领域，关系着企业的投资方向和投资决策，驱动因素可能是金融套利，也可能是防御性储蓄。因而，董事高管责任保险对企业金融化行为的影响及其驱动因素是我们关注的第二个问题。创新活动具有长期性、高风险性和不确定性的特点，高质量的创新行为决定着企业的市场竞争力和长远收益，而为了迎合政府政策或获取声誉资本，只追求数量而忽略质量的创新行为并不能促进企业可持续发展。由此，本书研究的第三个问题是在不同的创新动机下董事高管责任保险对企业创新行为的异质性影响。社会责任涵盖了企业对环境保护的责任、国家和社会的发展责任以及多元利益相关者的责任，社会责任行为是超越企业利益和法律要求的行为，已逐渐成为主流投资决策的一部分。所以，探讨董事高管责任保险对企业社会责任行为的影响、作用机制及其经济后果是本书考察的第四个问题。这不仅可以深入理解董事高管责任保险在新兴市场中的治理作用，而且对改善管理者决策、优化企业行为以及完善政府监管具有重要的参考和启示意义。

1.1.2　研究意义

基于上述研究背景，本书采用中国沪深 A 股上市公司的面板数据，系统考察了董事高管责任保险对企业行为的影响，综合评估了董事高管责任保险的治理效应，具有重要的理论和现实意义，具体归纳如下。

1. 理论意义

（1）丰富了董事高管责任保险经济后果的相关文献。现有研究已经围绕董事高管责任保险对公司治理、财务行为、投资决策等领域的影响展开了广泛探讨（M. Boyer and S. Tennyson，2015；R. Yuan et al.，2016；N. Jia and X. Tang，2018），使我们对董事高管责任保险的经济后果有了基础性认识。本书在前人研究的基础上，分别从整体战略和具体行为的双重视角，综合分析了董事高管责任保险与企业战略选择、金融化、创新以及社会责任之间的内在联系，拓展了董事高管责任保险的微观经济后果的相关文献，为保险学、管理学与金融学交叉学科研究进行了有益尝试。

（2）拓展了企业行为影响因素的分析框架。现有学术研究更多地从单一维度关注董事高管责任保险对企业经济绩效或财务绩效的影响，针对企业行为系统的相关研究较少，尤其缺乏对企业非经济绩效行为的研究。本书打破了现有文献对单一企业行为的分析框架，深入探究董事高管责任保险对不同层面、不同类型企业行为的作用方向和影响机制，揭示了董事高管责任保险引起管理者投资决策变动的内在机理，进而厘清董事高管责任保险在公司治理中所发挥的作用，为规范管理者行为、促进企业发展、推进制度完善提供了理论和实证依据。

（3）丰富了内部人机会主义行为的相关研究。内部人机会主义是指管理者利用公司特有信息攫取私利的行为，通常包含三种要素：存在私有信息、管理者具备实施动机以及信息披露不及时或不全面（D. Yermack，1997）。现有文献主要从股权结构特征、信息披露策略等视角考察管理者机会主义行为（王克敏等，2018；罗宏和黄婉，2020），而本书基于委托代理理论，从董事高管责任保险角度，探究管理者出于自利动机的具体行为决策，主要原因在于企业在决策失误时可以利用该保险的风险补偿和财富兜底效应，降低管理者行为的监督和限制，从而丰富了内部人机会主义行为的研究视角。

2. 现实意义

（1）本书的研究对于完善公司治理机制具有一定的启示意义。现有研究大多基于欧美发达国家上市公司的数据，得出的结论是否可以推广到新兴国家尚不清楚，因为这些国家的制度、法律环境以及保险市场与新兴国家均存在差异。例如，加拿大和美国遵循英美法系，董事高管责任保险的发展历史相对较长，公司所有权相对分散，而中国是基于大陆法系的法律制度，该保险的发展历史较短，公司所有权相对集中。因此，董事高管责任保险是否对中国上市公司治理水平产生影响本质上是一个开放的、经验性的问题。本书的研究表明，在新兴市场中董事高管责任保险的外部监督治理作用是有限的，为董事高管责任保险的治理有限性提供了新的经验证据。与此同时，董事高管责任保险助长了管理者机会主义或自利行为，更需要上市公司构建和完善内外治理体系来维护企业以及利益相关者的合法权益，具体包括以股东大会、董事会、监事会、经理层为代表的内部治理和以媒体、监管机构、分析师、外部投资者为代表的外部治理。

（2）本书的研究对于保险公司改进董事高管责任保险的产品设计，监管部门强化配套措施具有一定的参考价值。董事高管责任保险作为舶来品，保险公司在设计产品时难免会照搬国外该保险的相关条款。并且关于董事高管责任保险的相关规定也较为粗疏，缺少详细的条款，相关规章《关于在上市公司建立独立董事制度的指导意见》《上市公司治理准则》只是针对董事，并没有扩展到其他高管。因此，关于董事高管责任保险对企业行为的研究可以促进保险公司完善该保险的承保范围与赔偿原则，推动监管部门出台相应的法律法规，为上市公司营造更加规范的外部治理环境。

1.2 研究方法与研究思路

1.2.1 研究方法

本书在参考公司金融学、技术经济学、产业经济学和保险学的相关理论，以及现有文献的基础上，考察董事高管责任保险对不同类型企业行为的影响，具体研究方法如下。

（1）文献研究法。本书在第 2 章对董事高管责任保险、企业战略选择、金融化、创新以及社会责任的相关文献进行了梳理和归纳，了解并掌握了现有文献中存在的优势和不足，为本书的研究提供了一定的理论依据和实证支撑，同时也为研究视角的选取和指标度量的方法提供了一定的参考。

（2）统计分析与计量分析相结合的方法。本书的研究基于上市公司面板数据，采用 Python、Stata 等数据收集和回归分析软件，构建了企业战略、发明专利引用量、企业避税等多个指标并进行了描述性分析；运用普通最小二乘法、工具变量估计法、倾向得分匹配法等计量分析工具，对董事高管责任保险影响企业行为的作用结果进行多次检验，探究董事高管责任保险的施力方向是否会因不同类型的企业行为而发生改变。

（3）比较分析法。本书对比分析在不同外部治理环境、不同行业竞争程度、不同企业内部特征、不同股权性质下董事高管责任保险与企业行为之间的关系，探明董事高管责任保险影响企业行为背后的内在动机和一般规律，为调节和优化企业行为提供理论支持和经验证据。

1.2.2　研究思路

基于新产业组织理论、信息不对称理论、委托代理理论以及风险决策理论，本书采用规范分析与实证分析相结合的方法，对选题进行了系统性研究。

首先，本书回顾和梳理了国内外关于董事高管责任保险与企业行为的相关文献，指出了现有文献的主要研究方向和不足之处，并引出本书的研究切入点。

其次，基于相关概念的合理界定和经典理论的系统分析，结合中国董事高管责任保险发展的制度背景，为下文的实证分析奠定了理论基础。然后使用中国 A 股上市公司的数据，采用多元回归分析以及工具变量法等研究方法，从企业战略选择、金融化、创新以及社会责任等方面切入，对提出的研究假说加以检验。本书实证研究的思路如下。第一，将研究视角上升到企业整体战略层面，探究董事高管责任保险对企业战略选择行为的影响，结果发现董事高管责任保险所诱发的管理层机会主义行为会导致企业战略激进度上升。第二，将研究视角集中于企业具体行为层面，以董事高管责任保险提高企业战略激进度为前提，按照经济性的由强到弱，分别考察董事高管责任保险对企业金融化行为、创新行为以及社会责任行为的影响，这有助于更好地理解董事高管责任保险的内在机理和治理效果。

最后，总结前文实证研究的结论，为改进公司治理体系、完善保险产品设计、健全相关法律法规提供了政策启示和微观建议，并指出研究不足和未来的研究方向。

综上所述，本书三大部分的逻辑关系为：第一部分通过文献综述厘清本书的研究方向和分析框架；第二部分为理论分析与实证研究，分别从整体和具体层面，着力探究了董事高管责任保险对企业行为的影响及其作用机制；第三部分通过总结与展望提出研究结论和政策启示。研究思路如图 1-4 所示。

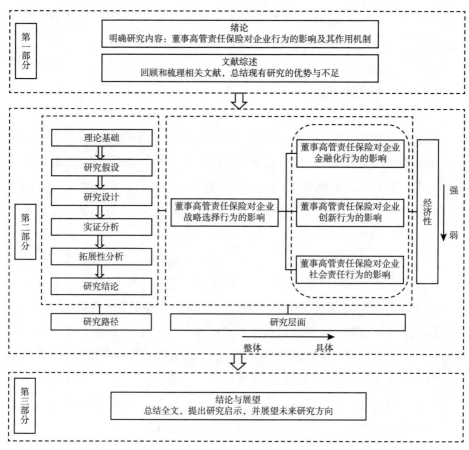

图 1-4 本书研究思路

1.3 研究内容与研究创新

1.3.1 研究内容

本书探究董事高管责任保险对企业行为的影响及其经济效应，共分为八章，各章的主要内容如下。

第 1 章为绪论。本章主要介绍研究背景与研究意义，确立研究方法与研究思路，对下文理论和实证部分之间的逻辑关系进行了梳理，并总结研究内容与潜在的创新点。

第 2 章为文献综述部分。第一节回顾了董事高管责任保险的相关研究，包括主要观点以及对公司治理的影响。第二节从分类、影响因素和经济后果三个方面对企业战略文献进行了回顾。第三节对企业金融化的界定、动机和经济后果的相关文献进行了梳理。第四节从微观企业特征和宏观环境特征两个角度概括了企业创新影响因素的相关研究。第五节分析了关于企业社会责任影响因素和经济后果的文献研究。最后对现有文献给出了研究评述。

第 3 章为理论基础部分。本章界定了董事高管责任保险和企业行为的内涵以及研究维度，梳理了与本书研究内容相关的经典理论，主要涵盖新产业组织理论、信息不对称理论、委托代理理论以及风险决策理论，同时回顾了董事高管责任保险的制度背景。

第 4 章至第 7 章为实证分析部分。第 4 章基于整体层面，考察了董事高管责任保险对企业战略选择行为的影响。战略选择能够反映管理层的经营理念和风险态度，如果董事高管责任保险激发了管理者的冒险精神和风险偏好，则企业战略选择会偏向进攻型，如果董事高管责任保险没有改变管理者保守谨慎和风险规避的风格，则企业战略选择会偏向防御型。本章探讨董事高管责任保险会引起企业战略选择行为怎样的变化。此外，本章从风险承担和融资约束的角度给出了机制检验，并进一步分析该保险作用机制背后所诱发的是激励效应还是自利效应。

第 5 章分析了董事高管责任保险对企业金融化行为的影响。基于现有文献，董事高管责任保险提高了企业风险承担水平，那么董事高管责任保险是否会影响企业的金融资产投资行为？并利用董事高管责任保险这一非财务因素，从融资约束和外部监管的视角，识别出中国企业金融资产配置的动机。

第 6 章试图区分不同动机的创新行为，探究了董事高管责任保险对企业创新的影响，管理层创新决策背后的动因是为了获取竞争优势和企业价值的实质性创新还是为了谋求自身利益和助力职业生涯的策略性创新，并基于投资者保护水平、行业竞争以及管理者特征进行了调节效应分析。

第 7 章考察了董事高管责任保险对企业社会责任行为的影响。既有文献认为，由于社会责任投资具有长期性、不确定性的特点，管理层在社会责任决策中会出现短视行为。但董事高管责任保险是抑制还是助长这种短视行为，进而影响社会责任投资仍然存在争议。因此本章实证检验董事高管责任保险对企业社会责任履行的引致效应。

第 8 章为结论与展望。本章首先对前文的研究结论进行了总结，然后在此基础上，提出相应的政策启示，最后给出可能存在的局限性和后续深入研究的方向。

1.3.2 研究创新

与现有文献相比，本书可能的创新点主要体现在以下四个方面。

第一，从不同层次系统探究董事高管责任保险对企业行为的影响，拓展董事高管责任保险的研究范围。本书跳出了以往主要围绕董事高管责任保险影响某一具体企业行为的研究习惯，基于手工搜集整理的董事高管责任保险数据，首先将视角上升到整体层面，研究了董事高管责任保险对企业战略选择的影响，在更深层次揭示了董事高管责任保险与企业行为之间的内在联系，然后将视角聚焦于具体层面，在企业战略的指导下，按照企业行为经济性由强到弱的顺序，依次选取与社会经济发展相关联的企业金融化行为、创新行为以及社会责任行为，展开理论分析和实证研究，进一步丰富了相关文献。

第二，验证了中国资本市场中董事高管责任保险更符合机会主义假说。围绕董事高管责任保险的实证研究尚未形成一致结论，一部分文献认为董事高管责任保险能够发挥外部监督治理作用，激励管理者做出提升企业价值的行为决策（胡国柳等，2019）；一部分文献则发现董事高管责任保险会削弱诉讼的法律效应，诱发管理者道德风险和机会主义行为（H. Chung et al.，2015）。而本书基于中国独特的制度环境以及企业发展的现状，发现上市公司购买董事高管责任保险更多的是作为管理层的"自利工具"而非公司的"治理利器"，具体而言，董事高管责任保险引起了企业战略激进度提升、金融资产配置增加、实质性创新产出减少、社会责任投入降低，进而不利于企业的价值创造和可持续发展，为董事高管责任保险的自利效应提供了新的经验证据。

第三，考察了董事高管责任保险对企业金融化的影响，为识别企业金融化驱动因素提供了独特视角，从而进一步加深了对管理层金融资产配置行为的理解。现有文献主要从管理者特征、财务状况、市场机制等方面分析了企业金融化的驱动因素（刘贯春等，2018；杜勇等，2019；杜勇和邓旭，2020），而本书打破了以往文献的局限性，从董事高管责任保险这一角度出发，过滤了宏观以及市场因素的影响，拓展了企业金融化动机的分析框架，实证研究发现中国企业金融化主要出于"投资代替"动机而非"蓄水池"动机，对于合理引导企业资金回归实体经济具有启示意义。

第四，补充了企业创新和企业社会责任影响因素的相关话题研究。在研究方法上，本书采用发明专利授权量和引用量作为企业实质性创新行为的度量指标，与以往文献中使用的研发投入和专利申请量相比，它难以被人为操纵，能够更加真实反映企业创新水平。在研究内容上，现有文献主要从公司内外部治理机制、管理层特征等角度考察企业社会责任的影响因素，尚没有文献关注董事高管责任保险对企业社会责任的影响。本书的研究探讨了董事高管责任保险能否以及如何影响企业社会责任投资，分析了在不同治理水平下董事高管责任保险的引致效应是否存在差异，为评估董事高管责任保险的治理作用提供新的实证依据。

第 2 章 文 献 综 述

2.1 董事高管责任保险的相关研究

2.1.1 关于董事高管责任保险的主要观点

依据奥沙利文（N. O. Sullivan, 2002）的观点，支持企业认购董事高管责任保险的主要原因包括以下三点：（1）作为企业保险计划的一部分；（2）董事、监事以及高级管理人员的个人要求；（3）作为优化公司治理的一部分。具体而言，首先，董事高管责任保险作为企业保险计划的重要组成部分，涵盖了由管理层不当行为所引起的和解和诉讼费用。董事高管责任保险的重要性可以通过以下事实来反映：即使董事拥有法定豁免权，仍然建议非营利性机构为董事会成员提供董事高管责任保险（T. Hazen and L. Hazen, 2012）。其次，董事、监事以及高级管理人员需要为以企业名义做出的某些行为承担个人连带责任，面临的履职风险和诉讼风险随之增加，依据博耶和德尔沃德洛姆（M. Boyer and M. Delvaux-Derome, 2002）的研究，发现董事高管责任保险的存在可能是管理层决定是否加入该企业的重要影响因素之一。换言之，董事高管责任保险能够为企业吸引和留住经营人才（J. Core, 2000）。最后，由于保险机构的监督和检查功能，董事高管责任保险可能作为公司治理机制的组成部分（N. O. Sullivan, 1997），缓解所有者与管理者之间的代理冲突。

反对企业购买董事高管责任保险的原因主要在于：该保险会给企业管理

层带来道德风险问题，并降低了股东诉讼的有效性。例如，查默斯等
（J. Chalmers et al.，2002）以 1992 ~ 1996 年 72 家首次公开募股的公司为研究
样本，发现董事高管责任保险的保额与企业上市三年间股价表现之间存在负相
关关系，并且没有找到证据支持该结果，即较低的董事高管责任保险保额与良
好的公司治理措施相关。一种合理的解释是董事高管责任保险反映了管理层自
利行为。巴瑞斯和科尔迪斯（J. Barrese and N. Scordis，2006）发现，董事高管
责任保险通过消减管理者违背股东责任的经济后果，可以帮助经理争取董事会
支持，由此产生管理者偏见效应。

此外，有许多特定因素会影响企业购买董事高管责任保险的决策。科尔
（J. Core，1997）认为内部投票控制能力越强的企业越可能认购董事高管责任
保险，并承担更高的责任限额。博耶和德尔沃德洛姆（2002）使用 1993 ~
1999 年加拿大公司的数据，发现规模较大、股票波动性较大、财务状况较差、
股权集中度较低以及董事会中拥有较多的非执行董事代表的企业更有可能选择
购买董事高管责任保险。

目前，国内外学者关于董事高管责任保险主要形成了三种假说，分别为风
险厌恶假说、外部监督假说以及机会主义假说。

风险厌恶假说认为，公司对董事高管责任保险的需求是由于管理者和股东
的风险厌恶产生的，公司在发生诉讼时难以赔偿个人财产损失，规避风险的管
理者和股东需要董事高管责任保险作为额外补充（M. Parry and A. Parry，
1991）。一方面，随着管理者持股比例的增加，其利益与公司整体利益之间的
关联度提高，股东与管理者的目标函数趋向一致，追求风险补偿的动机也会上
升。另一方面，股东在自身利益受到损害时提出诉讼索赔，为了防范有责任的
个体财产不足，保险公司承担着最后付款人的角色，以保障股东获得赔偿。科
尔（1997）研究发现，受到堑壕效应（entrenched effect）的影响，在管理者地
位较高和首席执行官薪酬较高的公司中，会倾向于认购更多的董事高管责任保
险，从而降低职业风险和诉讼成本。查默斯等（2002）认为，管理者愿意购
买董事高管责任保险的原因在于，他们从中获取的收益远高于其少量持股所付
出的成本。

外部监督假说认为，购买董事高管责任保险是通过保险公司监督被保险企

业整体的行为决策，进而消减管理者与股东之间的代理问题（D. Mayers and C. Smith，1982）。现代企业实行所有权和控制权分离的制度，由于公司投资人和管理者的利益不完全一致，在投资者出于信息劣势、不能对管理者进行完全监督的条件下，管理者有动机为了自身利益，做出有损于投资者利益的行为，可能更加注重公司短期业绩水平而非长期价值增值。同时，保险公司在承保前、承保期内以及诉讼发生时会对企业、董监高进行全面调查，利用保险合同条款来监督约束管理者行为。袁蓉丽等（R. Yuan et al.，2016）认为董事高管责任保险的监督作用可以减少管理者隐瞒坏消息的可能性，导致股价崩盘风险下降。胡国柳和谭露（2018）发现董事高管责任保险的外部监督效应在债券市场上能够提高企业的信用评级。

机会主义假说认为，董事高管责任保险对管理者的过度保护，会降低法律的约束机制和威慑效应，从而可能诱发更多的道德风险问题和机会主义行为。同时，股东凭借董事高管责任保险的订购对企业的管理决策施加影响，从中获取投机性资本利得。贾宁和梁楚楚（2013）认为董事高管责任保险会提高企业盈余管理程度，其治理效应尚未发挥作用。王青等（Q. Wang et al.，2022）发现购买董事高管责任保险的公司表现出较低的劳动投资效率，主要体现为劳动投资过度，进而导致更差的未来业绩水平。

2.1.2 董事高管责任保险与公司治理

随着监管力度的增加和法律制度的完善，董事高管责任保险逐渐成为企业保险中常见的一种。并且与过去相比，企业管理者的行为受到了更多的限制。因此，现有研究发现董事高管责任保险能够影响管理层决策，从而董事高管责任保险与公司治理之间存在关联，主要形成了以下三种观点。

（1）董事高管责任保险对公司治理的影响不显著。巴加特等（S. Bhagat et al.，1987）通过扩大董事高管责任保险赔偿范围以及1941年纽约颁布的第一部授权公司赔偿的法律，发现对股东财富没有显著影响。布鲁克和拉奥（Y. Brook and K. Rao，1994）发现董事高管责任保险似乎并不影响企业股票收益率。

（2）董事高管责任保险对公司治理具有正向促进作用。保险公司作为外部监督者，在董事高管责任保险购买前会对企业财务情况和管理者行为进行审查，有助于管理者抑制自利动机（J. Core，2000），在出险后，保险公司仍对管理者行为具有外部监督作用（N. O. Sullivan，1997），一定程度上控制了企业经营风险；同时，董事高管责任保险可以减轻管理者的风险厌恶情绪，提高风险高但增值可能性大的项目投资积极性，避免短视行为的发生（J. Core，1997）。在企业市场行为层面，黄和金（J. Hwang and B. Kim，2018）利用2002～2008 年韩国上市公司的样本，发现在控制董事高管责任保险的内生性问题后，相比于未投保的企业，投保企业的价值得到显著提升，表明董事高管责任保险可以帮助企业更好地将成长机会转化为更高的实际价值。凌士显等（2020）基于 2003～2017 年沪深 A 股上市公司数据，发现董事高管责任保险通过监督效应增加关联交易，从而带来企业价值的提升。在投资行为领域，彭韶兵等（2018）发现董事高管责任保险覆盖率越高，其监督效应越强，企业的投资效率越高。胡国柳等（2019）运用 2009～2015 年中国 A 股上市公司的数据，认为董事高管责任保险通过提高管理者的风险容忍度，增加创新投入水平，促进企业自主创新。在财务行为领域，袁蓉丽等（2018）考察了董事高管责任保险对财务报表重述的影响，发现董事高管责任保险能够发挥积极的治理作用，抑制财务报表重述的发生。李从刚和许荣（2020）采用 2000～2016年中国 A 股上市公司的数据，实证研究发现董事高管责任保险能够显著降低企业违规概率，从而发挥了外部监督治理的作用。

（3）董事高管责任保险对公司治理具有负向抑制作用。董事高管责任保险可以规避管理者面临的诉讼风险和个人财务损失风险，降低了法律的惩戒效应和管理层自利行为的成本，这可能会破坏公司治理机制，因为管理层没有后顾之忧而可能诱发道德风险问题和机会主义行为，由此损害股东利益和企业的长远健康发展（H. Chung and J. Wynn，2008）。在企业市场行为层面，博耶和斯特恩（M. Boyer and L. Stern，2014）采用 1995～2010 年加拿大首次公开募股的公司数据，考察公司在上市时的董事高管责任保险合同是否与被保险公司上市后第一年的业绩有关，发现保险公司对每一美元的保险收取较高的保费，以保护那些在上市后第一年股票表现不佳的董事、监事以及高级管理人员。吉兰和帕西娅（S. Gillan and C. Panasian，201）利用加拿大上市公司的数据，具有董事高管责任保险的管理者更有可能被起诉，并且诉讼的可能性随着保险覆盖范围的增加而增加。这些发现符合与保险购买决策相关的管理者机会主义或道德风险问题。贾宁和唐雪松（N. Jia and X. Tang，2018）考察了董事高管责任保险对独立董事及其治理角色有效性的影响，发现董事高管责任保险将道德风险引入到公司治理机制中，通过鼓励独立董事不勤奋或不负责的行为，降低独立董事在内部治理中的作用，进而破坏公司内部治理机制。在投资行为领域，郝照辉和胡国柳（2014）实证结果发现董事高管责任保险诱发管理者为了获得更多的私人收益，进而推动并购行为的发生。有学者以 2008 ~ 2010 年中国台湾地区上市公司为样本（K. Li and Y. Liao，2014），这段时期董事高管责任保险的信息是强制披露的，发现董事高管责任保险覆盖率与过度投资之间存在显著的正相关关系，表明该保险减少了管理者为股东利益最大化而采取的激励措施。赖黎等（2019）基于 2008 ~ 2016 年沪深 A 股上市公司的数据，发现董事高管责任保险并没有发挥出公司治理的积极作用，反而助长了更多的短贷长投行为，增加了企业经营风险。在财务行为领域，通过研究董事高管责任保险在财务报告决策中的作用，认为董事高管责任保险导致管理层在追偿权方面得到缓冲，从而增加了会计选择的激进度（I. Kim，2015），符合机会主义假说。陈治鸿等（Z. Chen et al.，2016）使用加拿大多伦多证券交易所上市公司的数据，实证研究发现董事高管责任保险削弱了股东诉讼的威慑效应，导致权益资本成本增加。胡国柳和常启国（2022）利用 2009 ~ 2019 年沪深 A 股上市公司的数据，发现董事高管责任保险会加剧企业内部控制缺陷的产生。

2.2 企业战略选择的相关研究

2.2.1 企业战略选择的分类

为了更好分析不同战略之间经营管理上的差异性，不少学者对战略进行了分类。迈克尔·波特（M. Porter，1980）将战略分为成本领先战略、差别化战略和专一化战略。具体地，成本领先战略是企业管理者严格控制成本，使得总成本低于其竞争对手；差别化战略是使企业提供的产品或服务与竞争对手相比具有某方面的独特性；专一化战略是为某一特殊的顾客群或某一细分市场提供更好、更高效的产品与服务。马奇（J. March，1991）将战略分为探索型战略和开发型战略，其中，探索型战略侧重于突破尝试新的可能性，而开发型战略强调在现有能力和技术之上进行改进。特里西和维塞马（M. Treacy and F. Wiersema，1995）将战略分为运营卓越型战略、产品领先型战略和亲近顾客型战略，其中，运营卓越型战略表现为以较低的价格提供品质较高的产品与服务，产品领先型战略关注于企业研发创新和市场品牌，亲近顾客型战略是为每一位客户提供具有针对性的、超出预期的产品与服务。迈尔斯和斯诺（R. Miles and C. Snow，2003）则将战略分为防御型战略、进攻型战略和分析型战略。具体地，进攻型企业致力于研发新技术、设计新产品和开拓新市场，主动挑战行业内的其他企业，倾向于利用创新来获得市场竞争优势，从而提高企业的竞争力，但创新具有长期性、高风险性和不确定性等特点，一旦失败，企业前期投入的资金、物质资源等都会造成不小损失。同时，进攻型企业通常拥有大量的分支机构，高管团队更替速度较快，员工流失率较高。防御型企业集中于提高现有产品与服务的生产效率，保护自身在行业中的成本领先优势，但产品种类较少，营业收入增长率较为缓慢。同时，防御型企业通常内部管理控制体系较为集中，高管团队任期较长，人员流动性较低。而分析型战略的特征则介于两者之间。其中，迈尔斯和斯诺（2003）的划分方法因其全面性和可度量性，得到了广泛的应用。

2.2.2　企业战略选择的影响因素

现有文献关于企业战略选择影响因素的研究主要从内部和外部两个方面进行分析。内部因素包括管理者特征、董事会特征、股权结构、薪酬激励以及内部控制等。在管理者特征方面，管理层是企业战略的主要制定者和实施者，其特征与企业战略选择紧密相关。曹志来和石常战（2014）采用 48 家汽车行业上市公司的数据，发现高管团队的平均年龄、规模、平均教育水平与企业战略选择偏好存在显著的相关关系。刘刚和于晓东（2015）考察了高管类型与企业战略选择之间的关系，发现老虎型管理者倾向于选择进攻型战略，猫头鹰型管理者倾向于选择防御型战略，而孔雀型和考拉型管理者倾向于选择分析型战略。扬舲等（A. Wowak et al.，2016）基于高层梯队理论和魅力型领导理论，对 1993~2011 年标准普尔 500 上市公司的 CEO 进行抽样调查，构建 CEO 个人魅力指标，实证指出个人魅力越大的 CEO 越会选择偏离行业中心度大的战略，并对企业社会责任的重视程度越高。杨林等（2020）选择 2012~2016 年中国 A 股制造业、信息技术与服务业上市公司为研究对象，发现高管团队职能经验异质性、高管团队共享管理经验和行业经验能够增加企业战略突变的发生倾向。在董事会特征方面，李小青和周建（2015）选取沪深 300 上市公司的数据，发现董事会群体断裂带强度对企业战略绩效具有负向影响。在股权结构方面，王垒等（2018）基于代理理论，实证指出家族持股比越高，企业越愿意选择产品多元化战略，机构投资者持股比越高，企业越愿意选择国际化战略。张双鹏等（2019）以 2010~2013 年中国 A 股 271 家国有制造业上市公司为样本，发现混合所有制改革使得单一股权对企业战略的影响削弱。在薪酬激励方面，陶氏和拉波索（J. Dow and C. Raposo，2005）构建企业战略制定与实施模型，股东应承诺为 CEO 提供高薪政策，从而激励 CEO 改变其战略动机。潘镇等（2019）实证检验了薪酬差距对企业战略差异的影响，发现高管团队的薪酬差距越大，则企业战略差异度越小。在内部控制方面，殷治平和张兆国（2016）以 2011~2014 年中国 A 股上市公司为样本，认为内部控制质量与企业战略差异存在显著的负相关关系。杨德明和史亚雅（2018）基于互联网商业模式的视角，使用 2013~2015 年中国 A 股上市公司数据，发现内部控制质量对企业战略行为产生显著影响。

外部因素包括分析师、媒体关注以及制度环境等。在分析师方面，钟熙等（2020）实证考察了分析师期望落差对企业战略变革的影响，表明当企业没有达成分析师的期望业绩时，分析师期望落差会推动企业战略变革。在媒体关注方面，贝德纳等（M. Bednar et al.，2013）建立了一个理论框架来解释媒体报道会影响战略变革的原因，然后在四年的时间里通过对 250 家公司的纵向分析，验证了媒体负面报道对企业战略变革具有正向促进作用。在制度环境方

面，杨艳等（Y. Yang et al.，2015）选取 2004 ~ 2013 年中国 A 股市场在 2003
年底前上市的 422 家制造业公司数据，表明与宽松的货币政策相比，紧缩的货
币政策引起的战略变化其调整成本更低，货币政策状况与战略变化之间具有正
相关关系。孟庆斌等（2019）借助中国资本市场卖空机制推出这一准自然实
验，发现卖空机制提高了管理者面临的资本市场压力，从而显著降低了企业战
略激进度。

2.2.3 企业战略选择的经济后果

企业战略选择作为内部环境，是企业经营理念的具体表现，可能会影响企
业绩效、会计和财务行为、投融资行为以及企业管理等。

在企业绩效方面，布罗克和亚夫（D. Brock and T. Yaffe，2008）探讨了国
际多样化战略对企业绩效的影响，发现负债率是企业盈利能力和盈利能力增长
率的主要影响因素，而国际多样化战略对企业负债率具有负向抑制作用。游家
兴和邹雨菲（2014）基于企业家嵌入性网络的视角，利用 2005 ~ 2010 年中国
民营上市公司数据，指出多元化战略与企业绩效之间存在显著的负相关关系。
王百强等（2018）考察了企业战略对经营绩效的影响，实证发现相比于防御
型企业，进攻型企业的市场价值更高、盈利能力更强。在会计和财务行为方
面，班特立等（K. Bentley et al.，2013）对迈尔斯和斯诺（2003）的战略类型
进行量化处理，发现相比于防御型企业，进攻型企业会引起更为严重的财务报
告舞弊行为。希金斯等（D. Higgins et al.，2015）发现与防御型战略和分析型
战略的企业相比，战略激进的企业会产生更多的避税行为，特别是进攻型战略
的企业更有可能将其海外业务设立在避税天堂所在的国家。孙健等（2016）
发现相比于防御型企业，进攻型企业盈余管理程度显著上升，主要是通过融资
需求影响企业盈余管理。刘行（2016）基于战略管理理论，实证指出探索型
企业的会计稳健性程度较低，防御型企业的会计稳健性程度较高，而分析型企业
的会计稳健性程度居中。在投融资行为方面，王化成等（2016）研究了企
业战略对过度投资的影响，利用 2007 ~ 2013 年中国 A 股上市公司数据，发现
相比于防御型企业战略，进攻型战略会加剧企业过度投资行为。纳维斯等

（F. Navissi et al.，2017）发现采用进攻型战略的企业更容易过度投资，而采用防御型战略的企业更容易投资不足。方红星和楚有为（2019）基于供给和需求双重视角，实证指出与防御型企业相比，进攻型企业通过银行信贷和供应商关系可以获得更多的商业信用融资。在企业管理方面，孟庆斌等（2018）实证表明相比于防御型企业，进攻型企业的违规倾向更大、违规次数更多，若信息环境较好、内部控制较为完善、聘请稳健型高管，则能够约束进攻型企业的违规行为。王化成等（2019）使用期权定价理论测算预期违约风险，结果发现企业战略定位差异度与违约风险之间存在显著正相关关系，可以通过代理成本和经营风险来影响违约风险。

2.3 企业金融化的相关研究

2.3.1 企业金融化的界定

关于企业金融化的界定，国外学者已经给出了比较广泛接受的内涵。阿瑞吉（G. Arrighi，1994）在《漫长的二十世纪》一书中首次提出了金融化这一术语。斯托克哈默（E. Stockhammer，2004）将金融化狭义地定义为非金融企业在金融市场上的活动增加，并用相应的收入进行衡量。克里普纳（G. Krippner，2005）认为金融化是实体企业的一种资本积累模式，主要通过金融投资而不是贸易和产品生产来获得利润。帕利（T. Palley，2007）认为金融化是企业对金融资产、金融机构的投资不断增加，提高金融部门相对于实体部门的重要性，使得经济活动的收入由实体经济向虚拟经济转移，从而加剧收入的不平等。奥汉（O. Orhangazi，2008）从广义上分析，认为金融化是指金融市场和金融机构在经济社会中的地位日益突出，一方面，非金融企业增加了金融资产投资，并由此从中获得越来越多的收入；另一方面，非金融类企业受到来自金融市场越来越大的压力，以增加对这些市场的回报。此外，国内学者也对企业金融化进行了界定。鲁春义和丁晓钦（2016）基于政治经济学视角，认为金融化的本质在于资本积累演变为资本脱离剩余价值的生产与交换而通过金融系统实现增殖的过程。王红建等（2017）认为实体企业金融化是指企业资产负债表中金融资产配置占比越来越高的现象，造成经营利润越来越多地来自金融投资而非主营业务。步晓宁等（2020）认为企业金融化是非金融类企业的金融资产配置行为产生了投资收益，或是企业通过资本运作来减少实体生产投资、增加金融投资。

综合上述分析，国内外学者主要从行为和结果两个角度对企业金融化进行了界定。从行为角度，金融化是企业将更多的资本投入到金融市场。从结果角度，金融化行为导致企业利润的主要来源从贸易与生产领域变为金融领域。

2.3.2　企业金融化的动机

基于现有研究，我们发现企业金融化是非金融企业增加金融资产投资的行为，其背后的驱动因素也有不少学者展开研究，主要形成了以下两种观点。

一是"蓄水池"动机，企业参与金融资产投资的目的在于当企业未来现金流不稳定且外部融资比较困难时，卖出流动性较强的金融资产以缓解融资约束，但并没有减少经营资产投资，是生产经营活动中的一种预防性储蓄行为。乌里塔等（T. Theurillat et al.，2010）发现产业资本金融化可以拓宽融资渠道，优化资源配置，一定程度上会促进主营业务投资。胡奕明等（2017）利用 2002～2014 年中国 A 股非金融类上市公司数据，发现企业金融资产配置与 GDP 周期变量和股票指数增长率之间具有显著的负相关关系，与法定准备金率和广义货币 M2 周期变量之间具有显著的正相关关系，说明企业金融化行为主要出于"蓄水池"动机。黎文靖和李茫茫（2017）实证探究了实体企业参股金融机构的动机，发现实体企业参股非上市金融机构能够提高非国有企业经营业绩和缓解融资约束，支持了"蓄水池"动机。

二是"投资替代"动机，企业参与金融资产投资的目的在于追逐资本市场的超额利润，将原本用于主营业务的投资替代为金融资产，阻碍了实体经济的发展，是一种资本套利行为。奥汉（2008）实证发现金融化与实体投资之间存在显著的负相关关系，对实体投资产生挤出效应。杰米尔（F. Demir，2009）使用公司层面的面板数据，分析了金融与固定投资收益率之差对阿根廷、墨西哥和土耳其这三个新兴市场实际投资绩效的影响，企业通过金融投资来实现利润最大化，但抑制了实体经济投资。杜勇等（2017）利用上市公司负债表数据，实证发现金融化对企业未来主业业绩具有负面影响，表明金融化的"投资替代"效应占主导。戴泽伟和潘松剑（2019）基于中国经济"脱实向虚"的背景，运用2008～2016年中国A股非金融类上市公司的数据，发现高管的金融经历会提高企业金融资产配置水平，这主要出于投资套利动机。顾雷雷等（2020）考察了企业社会责任对金融化的影响，发现社会责任履行促进了企业金融化，并识别出金融化的驱动因素为"投资替代"。

由此可见，关于企业金融化动机的研究，主要包括服务实体经济的"蓄水池"动机和阻碍实体经济的"投资替代"动机。因此，现阶段中国企业金融化的驱动因素是什么，如何有效的识别企业金融化动机，解决这些问题将有利于剖析管理层进行金融资产配置背后的真实意图。

2.3.3　企业金融化的经济后果

目前大部分学者关于企业金融化经济后果的研究，主要从宏观经济环境和微观企业活动两个层面展开分析。基于宏观经济环境，比哈杜里（A. Bhaduri，2011）发现金融化会增加经济系统的脆弱性，提高金融危机发生的可能性。冈萨雷斯和萨拉（I. González and H. Sala，2014）研究了企业金融化对美国失业的影响，构建一个动态的宏观劳动力模型，包括劳动力需求、劳动力供给、工资设定和资本积累方程，发现金融化是资本积累的决定性因素，资本积累又是引发失业的传递渠道，因而金融化是失业的主要原因。朱映惠和王玖令（2017）基于经济增长理论和企业投资理论，使用广义矩估计，考察了企业金融化对实体经济的影响，发现企业金融化不利于经济增长，在经济下行期间企业金融化对经济增长的抑制作用更为显著。托里和奥纳兰（D. Tori and O. Onaran，2018）使用1995～2015年西欧国家非金融类上市公司的数据，发现非金融企业金融化行为会导致实物投资减少，进而引起经济停滞。

基于微观企业活动，金融化可能对企业的经营、投资、财务等诸多方面施加影响。在经营方面，宋军和陆旸（2015）认为持有非货币性金融资产与企业经营收益率之间呈 U 形关系，企业无论业绩高低都倾向于进行金融资产配置。胡海峰等（2020）利用 2006~2017 年中国 A 股上市公司数据，研究发现企业金融化与生产效率之间呈倒 U 形关系，适度金融化可以促进企业主营业务的发展。在投资方面，韩国学者研究了 1994~2009 年金融化对韩国非金融类上市公司研发投资的影响，结果表明股息支付和股票回购的增加通过减少内部资金，从而阻碍了研发投资（H. Seo and H. Kim et al.，2012）。王红建等（2017）以中国制造业上市公司为研究对象，实证表明实体企业金融化对企业创新具有负向抑制作用，其中，套利动机越强的企业，金融化抑制企业创新的效果越显著。在财务方面，杜勇等（2019）发现企业金融化与审计定价之间具有显著的正相关关系，主要是通过增加审计风险和复杂性，进而提高了审计费用。董小红和孙文祥（2021）考察了企业金融化对审计质量的影响，研究发现企业金融化程度越高，审计质量越差，而内部控制能够抑制金融化对审计质量的负向影响。

由此可见，国内外大多数学者认为金融化对宏观经济环境和微观企业活动均存在一定程度的负面作用，应避免过度金融化对企业和经济发展产生的不利影响。

2.4　企业创新的相关研究

2.4.1　微观企业特征与企业创新

1. 公司治理与企业创新

企业的根本目的在于获得盈利和创造价值，公司治理虽然不能直接影响创新，但可以通过影响企业资本、物力、人员等资源的配置或供给，作用于创新活动。国内外许多学者关于公司治理对企业创新的影响进行了大量研究，我们从内部治理和外部治理两个方面梳理相关文献。

内部治理主要包括董事会、股权结构、内部激励机制等。在董事会方面，董事会作为企业内部治理的核心制度设计，发挥着决策和监督作用，其治理的有效性直接影响着公司治理水平。巴尔斯等（B. Balsmeier et al., 2017）以美国 2002 年监管改革为背景，研究发现董事会独立性对企业创新具有正向促进作用，具体表现为企业专利申请量、授权量以及引用量均增加。安等（H. An et al., 2019）利用 2001～2007 年美国上市公司的数据，发现董事会多元化可以促进企业创新，对于运营更复杂、董事会经验更丰富、外部治理更强的公司而言，董事会多元化与企业创新之间的正相关关系更显著。李井林和阳镇（2019）考察了董事会性别多元化对企业创新的影响，结果表明董事会女性占比越高，企业创新投入越少、创新绩效越低。在股权结构方面，股权结构是公司治理的内在表现，良好的股权结构可以激发投资者和管理者的创新积极性。杨建君等（2015）基于代理理论和行为动机理论，使用 182 家企业的调研数据，发现股权集中度与企业创新之间呈倒 U 形关系，说明过高或者过低的股权集中度都不利于企业自主创新。朱冰等（2018）探讨了多个大股东的股权结构对企业创新的影响，采用专利申请量描述创新活动，实证表明多个大股东的存在会降低企业风险承担能力和失败容忍度，进而抑制企业创新。在内部激励机制方面，激励机制作为公司治理的重要组成部分，包括薪酬和股权等多种形式，有效的激励机制能够促进企业创新。贾宁等（N. Jia et al., 2016）研究了锦标赛激励机制在企业创新绩效中的作用，以 1992～2012 年美国公司为样本，发现高管薪酬差距，特别是长期薪酬差距较高的企业产生的专利数量更多，专利的被引量更高，并且在创新活动中效率更高。孟庆斌等（2019）使用 2011～2017 年中国 A 股上市公司的数据，研究发现企业实施员工持股计划通过"利益绑定"功能，提升其在创新活动中的努力程度、协作性和稳定性，进而促进企业创新。

外部治理主要包括媒体、分析师、机构投资者、风险投资等。在媒体方面，媒体作为资本市场中重要的信息媒介，扮演着外部治理者角色，但可能会引起管理层短视行为。杨道广等（2017）考察了媒体关注对企业创新的影响，使用专利授权量衡量创新水平，结果发现媒体负面报道数量会抑制企业创新，表明媒体关注带来的压力加剧了管理层短视倾向。有学者以 2000～2012 年美国上市公司为样本（L. Dai et al., 2021），发现媒体报道与企业创新存在显著的负相关关系，进一步研究，媒体报道对创新产生两种抵消性经济机制：媒体对管理层的短期压力作用与创新负相关，而缓解融资约束的作用与创新正相关。在分析师方面，分析师作为资本市场中的信息中介，既能提升市场信息效率，又具有外部治理功能。贺劼和田轩（J. He and X. Tian，2013）采用券商倒闭和并购这一准自然实验探究分析师追踪与企业创新的关系，以专利授权量和引用量作为测度创新的主要指标，发现分析师对上市公司创新产出具有负面影响，主要原因在于分析师对管理层施加过大的压力而使其无法达成短期目标，进而阻碍了企业对长期创新项目的投资。余明桂等（2017）使用 2003 ~ 2010 年中国 A 股非金融类上市公司，研究发现分析师关注度越高，企业未来创新产出越多。在机构投资者方面，机构投资者作为企业股东，具有资金、技术以及信息优势，可能会介入公司治理中，进而对企业创新投资施加影响。龙等（H. Luong et al.，2017）发现国外机构投资者影响公司创新的三种潜在机制：国外机构投资者充当主动监督者，为管理层提供创新失败的保险，并促进知识溢出，从而提高企业创新产出。布雷夫等（A. Brav et al.，2018）以对冲基金积极主义事件作为外部冲击，使用专利授权量、引用量、原创性以及通用性来度量创新产出，研究发现对冲基金积极主义介入虽然会减少上市公司的研发支出，但可以显著提高创新产出的数量和质量。在风险投资方面，风险投资被认为是成熟的金融市场投资者，其投资目标是服务企业战略发展规划。切姆曼尔等（T. Chemmanur et al.，2014）选取 1980 ~ 2004 年首次公开上市的公司，研究企业风险投资和独立风险投资在促进创业企业的创新活动方面是否存在差异，发现相比于获得独立风险投资的公司，获得企业风险投资的公司更具有创新性，表现为拥有更高的专利授权量和引用量。陈思等（2017）研究发现风险投资进入通过增加被投企业研发人才和提供行业经验、行业资源，进而促进被投企业的创新，表现为专利申请量的增加。

2. 管理者特征与企业创新

管理者作为公司治理和风险活动的决策主体，基于高层梯队理论，管理者的个人特征会影响其思维模式及行为方式，进而作用于企业创新。其中，个人特征主要包括管理者性别、年龄、教育、性格以及个人经历等。在性别、年龄和教育方面，林晨等（C. Lin et al.，2011a）使用世界银行在 2000 ~ 2002 年对来自 18 个中国城市的 1088 家私营制造企业的独特调查数据，实证表明 CEO

的教育程度与企业创新努力之间存在正相关关系。曾萍和邬绮虹（2012）基于创业板上市公司数据，使用研发投入衡量企业技术创新，实证发现女性高管参与能够促进企业创新。郭婧（2016）发现在非国有企业中，小于 50 岁的 CEO 更偏向于研发投资活动。在性格方面，加拉索和西姆科（A. Galasso and T. Simcoe，2011）构建职业关注模型，预测出过分自信的 CEO 会低估失败的可能性，更可能去追求创新，并通过上市公司数据进行测试，发现过度自信 CEO 与加权专利引用量之间存在正相关关系。于长宏和原毅军（2015）构建由 CEO 和科研人员参与的博弈模型，发现当科研人员重视自由探索时，CEO 的过度自信能够推动企业进入创新领域。在个人经历方面，松德尔等（J. Sunder et al.，2017）发现拥有飞行员执照的 CEO 为了寻求冒险与追求新颖体验的愿望结合在一起，更愿意从事创新活动，表现为专利申请量和引用量的上升。虞义华等（2018）基于手工搜集的上市公司发明家数据，实证表明拥有发明家经历的高管能够显著提高研发投入、创新产出以及创新效率。何瑛等（2019）构建了 CEO 职业经历丰富度指数，发现 CEO 职业经历对企业创新具有正向促进作用，主要通过丰富高管的社会网络资源和增加高管的风险偏好提升企业创新水平。

3. 企业行为与企业创新

不同的企业行为会对创新活动产生影响。伯恩斯坦（S. Bernstein，2015）选取询价圈购阶段纳斯达克指数的波动作为 IPO 完成的工具变量，研究表明在首次公开募股后，会引起企业内部专利质量下降、研发人员流失，所以企业会采取通过外部购买获得新专利的方式来促进创新。斯蒂贝尔（J. Stiebale，2016）分析了跨国并购对欧洲企业创新的影响，发现跨国并购提高了收购方企业的研发投入和专利产出，但会降低子公司的研发投入。蔡卫星等（2019）基于手工搜集的企业集团数据，认为企业集团化经营可以提高专利产出水平，主要通过内部资本市场缓解融资约束，内部知识市场缓解信息匮乏。崔静波等（2021）以 2010～2015 年北京中关村自主创新企业为样本，企业出口对创新投入和创新产出均具有正向促进作用，但并不是每个行业的出口行为都能促进企业创新。此外，企业信息披露、互联网化、寻租等行为都可能影响创新投资。

2.4.2　宏观环境特征与企业创新

1. 金融发展与企业创新

经济发展带来的金融市场发展能够通过资金、人力、技术等因素影响企业创新。阿吉翁和豪伊特（P. Aghion and N. Howitt，2004）构建了包含创新的内生增长模型，发现金融发展与技术创新之间存在正相关关系。许博炫等（P. Hsu et al.，2014）采用32个发达国家和新兴国家数据，创新活动用专利申请量、引用量、原创性以及通用性度量，结果表明股权市场发展能够促进外部融资依赖行业和高技术密集型行业的创新，而信贷市场发展则会抑制外部融资依赖行业和高技术密集型行业的创新。潘敏和袁歌骋（2019）利用1988～2010年25个OECD国家制造业行业数据，发现金融中介创新与企业技术创新之间呈倒U形关系，主要是通过影响研发投入进而作用于技术创新。梁榜和张建华（2019）考察数字普惠金融对技术创新的影响，实证表明数字普惠金融发展、覆盖广度、使用深度以及支持服务都对企业创新产生显著的正向影响。

2. 制度环境与企业创新

企业创新活动是一种高风险性和充满不确定性的长期投资活动，因此创新更易受到制度环境的影响，我们主要从相关政策和制度改革两个方面进行梳理。一是相关政策，豪威尔（S. Howell，2017）采用美国能源部小企业创新研究计划申请者和排名数据，研究发现早期受到政府补助的企业更可能获得风险投资，并且政府补助能够增加企业专利数量，提高其未来业绩。慕克吉等（A. Mukherjee et al.，2017）发现税收增加对企业专利申请数、研发投入以及新产品发布都产生负面影响。巴塔查里亚等（U. Bhattacharya et al.，2017）研究43个国家和地区是政策还是政策不确定性更能影响创新，以专利授权量和引用量衡量创新水平，结果表明是选举带来的政策不确定性而不是政策本身影响创新活动，受不确定性影响的企业研发项目投资和创新产出均出现下降。二是制度改革，余明桂等（2016）以2009年修订的《中央企业负责人经营业绩考核暂行办法》为准自然实验，研究发现相比于不受政策影响的民营企业，央企创新水平在新政策实施后显著提高，表现为研发投入和专利申请量的增加。郝项超等（2018）构建双重差分模型，考察了融资融券对企业创新的影响，发现融券卖空机制提升了企业创新的数量和质量，而融资卖空机制却降低了企业创新的数量和质量。王永进和冯笑（2018）以全国各地设立行政审批中心为准自然实验，用专利申请量描述创新行为，发现行政审批制度改革能够降低制度性交易成本，进而促进企业创新。

3. 法律保护与企业创新

法律保护一方面可能激励和保障企业及研发人员进行创新，另一方面也可能提高创新成本，阻碍知识和技术的传播与共享。格里菲思和麦卡特尼（R. Griffith and G. Macartney，2014）考察了就业保护立法对企业创新的影响，发现处于高就业保护程度国家的跨国公司总体创新水平更高，但处于低就业保护程度国家的跨国公司会更多地进行突破式创新。方等（L. Fang et al.，2017）研究知识产权保护如何影响中国企业在私有化前后的创新，发现企业私有化会促进创新，并且知识产权保护执法力度更强时，这种正向影响更大。李建强和赵西亮（2019）以 2008 年《劳动合同法》实施为准自然实验，研究表明劳动保护的加强对劳动密集型企业的创新具有正向促进作用。王靖宇和张宏亮（2020）以 2007 年《物权法》实施为准自然实验，实证发现相比于外部融资依赖度较低的企业，《物权法》实施会提高外部融资依赖度较高企业的创新效率。

4. 资本市场与企业创新

资本市场中的金融机构会对企业这一资金需求方的生产经营产生重大影响，而技术创新具有长期性、高风险、不确定性等特点，导致创新活动存在信息不对称问题。因此，融资约束会抑制企业创新，资本市场从而成为影响企业创新水平的重要因素。阿吉翁等（P. Aghion et al.，2005）运用英国数据发现市场竞争与创新之间呈倒 U 形关系，并构建了一般性的理论模型，表明竞争会阻碍落后的企业进行创新，但鼓励并驾齐驱的企业进行创新。张杰等（2014）利用中国工业企业数据，发现中国情景下的竞争与创新之间存在显著的正相关关系，并且竞争对创新的激励效应只在民营企业中显著，在国有和外资企业中并未产生作用。何玉润等（2015）以 2007～2012 年中国 A 股上市公司为样本，研究发现产品市场竞争对企业创新具有正向促进作用，但这种作用在国有企业中较弱。科尔纳贾等（J. Cornaggia et al., 2015）利用美国放松银行跨州经营监管法案事件，分析了银行竞争对企业创新的影响，结果表明放松银行跨州经营管制对总部位于该州的企业创新活动产生负面影响。蔡竞和董艳（2016）基于商业银行的分支机构数据和中国工业企业数据，实证发现银行业竞争性的市场结构能够推动企业研发创新，这种作用在中小企业中更为显著。闫红蕾等（2020）考察了资本市场发展对企业创新的影响，股票流动性反映了资本的配置效率，研究发现股票流动性能够提高企业的外部融资能力和公司治理能力，进而促进企业创新。

2.5　企业社会责任的相关研究

2.5.1　企业社会责任的影响因素

从企业社会责任的影响因素来看，现有文献主要从内部因素和外部因素两个角度展开研究。内部因素包括董事会、管理者特征、薪酬激励、股权结构等。在董事会方面，扎姆（S. Zahm, 2011）构建理论模型考察董事会的组成、特点和决策过程是否能作为企业社会责任表现的关键因素。周煊等（2016）基于社会角色理论，发现与男性董事相比，女性董事"公共性"特征让其更富有同情心，使得女性董事更愿意参与上市公司的慈善捐赠决策，从而促进企业履行社会责任。庄等（Y. Zhuang et al., 2018）使用839家中国上市公司数据，研究认为董事会成员的政治经历、学术背景和海外背景与企业社会责任绩效之间存在显著的正相关关系。在管理者特征方面，克龙奎斯特和余方（H. Cronqvist and F. Yu, 2017）分析了CEO是否有女儿对企业社会责任的影响，发现当一家企业的CEO至少有一个女儿时，企业社会责任评级比中位数企业高出约9.1%。文雯和宋建波（2017）基于高层梯队理论，拥有海外背景的高管能够助推企业承担社会责任。戴维森等（R. Davidson et al., 2019）以美国1992~2010年的590家公司为样本，研究显示与非物质主义的CEO相比，物质主义的 CEO 会倾向于降低企业社会责任投资水平。在薪酬激励方面，陈承等（2019）考察了国企高管薪酬对企业社会责任的影响，实证表明国企高管薪酬与企业社会责任之间呈倒 U 形关系。贾鲜凤和田高良（2019）研究发现高管的货币报酬激励对企业社会责任具有正向影响，而高管的股权激励对企业社会责任具有负向影响。在股权结构方面，严苏艳（S. Yan，2021）发现共同所有权显著促进了企业社会责任投资，而企业社会责任的增加反映了共同所有权的积极作用。塞克因哈拉克等（D. Seckin-Halac et al.，2021）发现股权集中度对企业社会责任产生负面影响，而董事会性别多样性对这种负面效应具有部分调节作用。

外部因素包括分析师跟踪、机构投资者、媒体监督、市场环境等。在分析师跟踪方面，阿迪卡里（B. Adhikari，2016）考察了卖方财务分析师对企业社会责任的影响，将证券公司经纪业务的关闭和合并作为对分析师覆盖范围的外来冲击，研究显示分析师覆盖范围越大的企业往往对社会责任的承担越少。郭静（2019）以 2010～2017 年中国 A 股上市公司为样本，分析师关注度越高的企业，出于监督压力，企业社会责任履行越多。在机构投资者方面，亚历山大等（D. Alexander et al.，2019）使用 2004～2013 年 41 个国家公司层面数据，研究表明机构投资者主要通过参与公司治理过程来提高企业社会责任绩效，而非通过退出与选择威胁。陈涛等（T. Chen et al.，2020）以罗素指数调整带来的外生冲击来研究机构持股对企业社会责任的影响，实证发现机构持股能够提高企业的社会责任水平，其中机构持股对较为重要企业社会责任子类别的影响更为显著。在媒体监督方面，张可云和刘敏（2021）发现媒体深度负面报道可以约束企业行为，优化社会责任表现，并且城市规模在其中发挥负向调节作用。在市场环境方面，崔秀梅和刘静（2009）考察了中国市场化程度对企业社会责任的影响，研究发现市场化程度越高会导致企业履行的社会责任越多。黄雷等（2016）利用 2009～2012 年中国 A 股上市公司数据，研究发现处于法律环境较好地区的上市公司，其社会责任信息披露水平也相对较高。梁昊和瑞恩博格（H. Liang and L. Renneboog，2017）认为企业社会责任和它所在国家的法律基础是紧密相关的，发现来自英美法系国家的公司的社会责任水平低于来自大陆法系国家的公司，而处于斯堪的纳维亚大陆法系的公司拥有最高的社会责任评级。孔东民等（D. Kong et al., 2021）的研究发现，反腐败通过缓解融资约束和增加分析师追踪度，从而改善了企业社会责任表现。

2.5.2 企业社会责任的经济后果

从企业社会责任的经济后果来看，对于企业社会责任是否创造价值，目前学术界还存在争议。正面观点认为，社会责任作为一种战略工具，可以缓解利益相关者的矛盾和促进股东利益最大化（R. Bénabou and J. Tirole, 2010）。古勒等（S. Ghoul et al., 2011）考察了企业社会责任对股权融资成本的影响，研究显示企业社会责任水平越高，则股权融资成本较低，具体来说，为改善员工关系、环境政策和产品策略而进行的投资在很大程度上有助于降低企业的资本成本。郑蓓婷等（B. Cheng et al., 2014）发现社会责任表现越好的企业更能缓解融资约束，拓宽融资渠道，原因在于利益相关者参与度的提高会降低代理成本，以及信息透明度的提高会缓解信息不对称程度。刘华等（2016）以强制披露企业社会责任报告政策为准自然实验，实证表明企业积极承担社会责任有助于降低操控性应计利润、提高会计信息质量。古勒等（S. Ghoul et al., 2017）基于交易成本理论和企业资源观，选取 2003 ~ 2010 年 53 个国家 11672 家公司的数据，发现在市场机制较为薄弱的国家，企业社会责任与公司价值之间存在正相关关系。许罡（2020）发现企业履行社会责任作为一种公司治理机制，可以有效抑制商誉泡沫。

反面观点认为，企业社会责任意味着存在代理问题，管理者对企业社会责任进行投资，以牺牲股东的利益为代价来提高自身声誉资本（B. Rubin, 2010）。马苏里斯和雷扎（R. Masulis and S. Reza, 2015）以 2003 年《税收改革法案》为准自然实验，研究发现 CEO 会从企业捐赠中受益，因为大多数资金流向了与 CEO 相关的慈善机构。权小锋等（2015）探究企业社会责任对股价崩盘风险的影响，发现企业社会责任会导致股价崩盘风险上升，可见存在"社会责任的崩盘效应"。孟庆斌和侯粲然（2020）以 2010 ~ 2016 年中国 A 股上市公司为样本，研究显示管理层为增加自身声誉而履行社会责任，会引起资产金融化程度提高，而资产金融化主要是受短期收益的驱动。

2.6 本章小结

本章重点回顾了与本书研究主题相关的董事高管责任保险和企业行为的文献，其中企业行为主要从企业战略选择、金融化、创新以及社会责任四个方面展开梳理。尽管目前国内外学者关于董事高管责任保险对公司治理的影响进行了一些研究，但在研究内容方面仍存在大量空白，且在研究结论方面尚未形成一致观点。本书将以中国制度环境为研究背景，深入考察董事高管责任保险对企业行为的影响，客观分析董事高管责任保险在中国的治理作用。基于现有文献，我们总结如下三点研究思路。

第一，关于董事高管责任保险的治理效应国内外学者尚未形成统一答案，一部分文献认为董事高管责任保险可以发挥监督作用，降低代理成本，约束管理层行为；一部分研究则发现董事高管责任保险会消减诉讼风险，降低自利成本，增加管理层机会主义行为。因此，本书需要结合中国的制度背景、资产市场的运作模式以及上市公司的现实情况，从多个方面深刻理解董事高管责任保险在公司治理中所发挥的作用。

第二，现有文献主要从财务报表重述、权益资本成本、股价崩盘风险、融资行为、并购决策、创新活动等角度，考察了董事高管责任保险与企业某一具体行为之间的联系，却忽略了对整体层面企业战略选择的分析。既然董事高管责任保险能够影响企业财务、投融资等具体行为，那么对于整体战略选择的影响也值得关注。因而，基于整体和具体行为的双重视角，董事高管责任保险是否会影响以及如何影响企业行为，都有待进一步探究。

第三，关于企业金融化、创新以及社会责任的相关研究，现有文献大多是在经济或财务框架下探究企业金融化的动机，鲜有考虑非财务因素董事高管责任保险对金融资产配置的影响，因而值得我们深入研究。关于企业创新的度量，国内学者主要选择研发投入、专利申请量和授权量等指标，为了更加合理测度企业创新行为，借鉴国外相关研究，可以使用专利细分指标以及专利引用量数据，那么在更改创新度量方式后董事高管责任保险对企业创新的影响是否会发生变化，需进一步探索。关于企业社会责任影响因素的研究主要从内部治理和外部环境两个方面，但缺乏从董事高管责任保险这一角度对这两者的关系进行实证分析。

　　本书的研究从企业战略选择、金融化、创新以及社会责任这四个方面探究了董事高管责任保险的治理效应，具有重要的理论意义和现实意义。随着中国法制环境不断完善、投资者保护意识逐渐增强，系统地剖析董事高管责任保险对企业行为的影响，为改善管理者决策、优化企业行为以及完善政府监管具有重要的参考和启示意义。

第 3 章　理论基础和制度背景

3.1　相关概念界定

3.1.1　董事高管责任保险

董事高管责任保险（directors' and officers' liability insurance）是指董事、监事以及高级管理人员在履行日常职责时，被指控因工作疏忽或不当行为而引起索赔，保险机构应依法承担其经济赔偿责任，以及因上述事故所支付的诉讼费用的保险（N. Jia and X. Tang, 2018）。其承保范围包括庭外和解、判决或和解损失、律师费以及对于公司事务正式调查的抗辩费用。董事高管责任保险不承保故意违法行为导致的罚款或罚金，或者依法不允许承保的事项，如恶意、违背忠实和勤勉义务、信息披露中故意的虚假或误导性陈述以及非惯常职务行为等。董事高管责任保险涵盖了两个部分的保障范围：第一部分保障的是当公司董事、监事以及高级管理人员的损失无法从所在公司得到补偿时，由保险机构代表所在公司对其直接进行赔偿；第二部分保障为公司补偿保险，当公司依法补偿董事、监事以及高级管理人员的损失时，保险机构会在公司的补偿范围内负责赔偿。

对于董事高管责任保险的研究范畴，目前学术界主要从以下四个方面进行探讨。第一，董事高管责任保险的信息披露，加拿大、韩国等国以及中国台湾地区要求强制披露认购董事高管责任保险的细节（J. Hwang and B. Kim, 2018;

Y. Lai and V. Tai，2019）。而美国证券交易委员会（SEC）、中国证监会（CSRC）目前没有要求上市公司强制披露有关董事高管责任保险的相关信息，例如保险费、保额等（H. Chung et al.，2015）。因此，与强制性信息披露相比，董事高管责任保险的自愿性信息披露对公司治理产生影响有待进一步探究。第二，董事高管责任保险的定价，保险公司必须准确评估每个投保用户的潜在成本，在核保和拟定董事高管责任保险费率时需要依据上市公司的书面申请、公开的财务和会计数据以及与潜在被保险人的董监高团队的访谈（T. Baker and S. Griffith，2007）。保险公司收集的关于潜在保险人内部流程和结构的信息不会泄露给其他市场参与者。与任何保险合同的定价一样，保险公司必须评估索赔的概率和这种索赔的严重性，由于最高额的董事高管诉讼来自公司股东，因此诉讼可能与公司在股票市场的表现有关（M. Boyer and L. Stern，2014）。现有研究主要根据企业财务信息、所在产业发展情况和治理风险因素来衡量潜在的诉讼成本（T. Baker and S. Griffith，2007）。第三，董事高管责任保险的购买决策，部分文献从诉讼风险（N. O. Sullivan，2002；S. Gillan and C. Panasian，2015）、财务困境（J. Core，1997）、管理者特征（Y. Lai and V. Tai，2019）等视角考察了影响董事高管责任保险需求的内外部因素。第四，董事高管责任保险的经济后果，基于负面效应，一些学者发现董事高管责任保险会引起更高的财务政策激进度（I. Kim，2015）、更高的权益资本成本（Z. Chen et al.，2016）、更大的贷款息差（C. Lin et al.，2013）、更高的并购溢价（C. Lin et al.，2011b）、更多的短贷长投（赖黎等，2019）、更低的劳动力投资效率（Q. Wang et al.，2022）以及更多的内部控制缺陷（胡国柳和常启国，2022）。相比之下，有的学者认为董事高管责任保险可以作为一种正向治理机制，能够抑制违规行为（李从刚和许荣，2020），降低股价崩盘风险（R. Yuan et al.，2016），促进技术创新（胡国柳等，2019），提升公司价值（许荣和刘怡君，2021）。

3.1.2　企业行为

企业行为是指企业为实现经营目标，综合各种环境因素的影响以及企业决策主体认知因素所做出的经济活动，反映了企业的行为趋势和方向，但它与企业活动有所不同，企业活动的范围要比企业行为更广，两者的角度也不同，企业行为强调的是目的性和规律性，而企业活动是从事后角度把企业的所有动态过程看作企业活动。根据不同的研究目的，可以选择不同的企业行为分类方法。从时间顺序来看，可以分为短期行为、中期行为和长期战略行为。从外部市场结构来看，可以分为完全自由竞争市场上的企业行为、垄断竞争条件下的企业行为、寡头垄断条件下的企业行为和完全垄断条件下的企业行为。其中，完全自由竞争市场上的企业行为是以经济利益最大化为目标，企业是价格的接受者，按照消费者的意愿进行生产，对资源利用最充分，产品价格最低。垄断竞争条件下的企业行为是企业生产有差别的产品来满足消费者的多种需求，并且进行非价格竞争。寡头垄断条件下的企业行为是由于外部竞争压力迫使其改善劳动组织，提高内部效率，降低成本费用，并且会过度制造产品差别化和广告的非价格竞争。完全垄断条件下的企业行为是通过控制产量和价格实现利润最大化。从再生产过程来看，可以分为投资行为、生产行为、交换行为以及分配行为。其中，投资行为是企业为了实现预期收益率，将筹集的资金进行配置，从而形成相应的经济活动。生产行为包括生产组织和管理、新工艺和新技术的应用以及生产相关的配套措施等。交换行为包括产品价格的确定、销售市场的选择，并在市场上销售产品以实现货币化的过程。分配行为是企业将生产经营所获得的收入按一定比例进行分配。

本书的企业行为是一个相对具体的概念，侧重强调的是企业内部资源配置的方向选择和执行情况。首先，从整体层面出发，我们采用战略选择行为，其可以定义为企业决策主体面临重大战略问题时，综合考虑到企业内外竞争环境以及决策者的认知、情感等因素，从而做出的战略分析和选择行为，反映了企业资源配置的方向、管理者的经营理念以及主营业务的发展模式（M. Porter, 1980）。其次，从具体层面分析，以战略选择为指导框架，在抑制经济"脱实向虚"、激发企业创新活力、强化企业社会责任意识的大背景下，选择的企业行为应该与当前经济发展的诉求相契合。因此，基于自身效用满足程度，按照经济性由强到弱，依次选取企业金融化行为、企业创新行为以及企业社会责任行为。其中，金融化行为源于实体投资回报率逐步下滑，非金融类企业选择将资金不断投向预期回报率高的金融、房地产等虚拟经济部门而非生产贸易部门，主要受到内部主观因素和外部经济环境的影响。金融资产配置行为虽然可能为企业提供了新的利润增长点，但会引起失业率上升，公共物品供给下降，不利于产业结构升级和实体经济高质量发展（顾雷雷等，2020）。创新行为是一项高风险性和不确定性的长期投资活动，最终以产品、技术、专利等方式呈现，一方面，技术创新能够提高企业对于人力资本及有形资产的利用效率，进而提高企业的投资效率，有利于企业绩效的改善（吴超鹏和唐菂，2016）；企业创新能够提高企业产品质量、降低企业的劳动力成本，减少对劳动、资本的依赖，进而增强企业的全要素生产率，提升公司价值（E. Duguet，2006），但也面临着投资失败的风险，比如精准的断供和"卡脖子"打击、新产品出现技术问题、市场波动等。创新行为与金融化行为的不同之处在于，创新活动具有正外部性，表现出非排他性和有限专有性的特征，因而经济性略弱。社会责任属于非经济性投资行为，是企业自觉承担超出公司利益和法律要求的责任行为，其将一部分资源配置到环境保护、员工发展、股东及消费者权益、慈善捐赠等多个领域，不仅有助于推动企业与社会的可持续均衡发展，还可以积累管理者声誉资本和塑造企业良好形象，缓冲投资者对负面信息的反应（孟庆斌和侯粲然，2020）。

3.2　理论基础

3.2.1　新产业组织理论

在微观经济学中，企业的功能在于将投入品转化为商品或服务，但往往忽略了企业结构和内部组织等特征，使我们无法深入了解企业的产生与发展、企业规模多样化、治理结构、内部组织等重要问题。新产业组织理论尝试打开企业这一"黑箱"，研究侧重于分析企业行为与企业内部组织。传统产业组织理论强调市场通过价格机制可以实现资源的有效配置，并没有意识到企业作为协调者和计划安排者，从本质上来说和价格机制一样，都是一种资源配置方式。

而新产业组织理论打破了传统产业组织理论单向、静态的研究范式，以交易成本理论为基础（Coase，1937；O. Williamson，1985），认为市场价格机制的使用是存在成本的，企业作为生产组织形式可以有效降低交易成本，与市场一样参与资源配置过程，其中，企业内部资源配置方式从本质上来说，是企业管理者决策意图的反映，通过企业经理人"看得见的手"而不是价格信号来进行资源配置。因此，对企业行为的考察是新产业组织理论的重要组成部分，企业行为不仅受到市场结构的影响，而且是管理者自身组织结构和经营目标的结果。但企业内部运行也会产生组织成本，这意味着企业不可能取代市场，企业是存在边界的，其规模扩张到一定程度后会停止。同时，在政策主张方面，传统产业组织理论主张限制企业扩大规模，防止垄断产生，充分利用市场机制调节经济运行，而新产业组织理论则认为无须过度地限定企业规模与结构，应把重点放在规范企业行为方面。

具体到以投资这一典型的资源配置行为为研究视角，企业在生产经营过程中需将筹集的资金进行配置，以获取预期收益率和实现资产增值。因此，新产业组织理论同样适用于解释企业投资行为的基本问题。巴克利和卡森（P. Buckley and M. Casson，1976）认为跨国企业出于降低交易成本、提高企业运营效率的考虑，会实施对外直接投资行为。李善民和陈玉罡（2004）将交易成本的节约和企业组织能力的提高结合起来，从相对交易成本的角度解释企业并购行为的原因。由此可见，新产业组织理论是研究企业行为的理论基础，即企业积极参与资源配置过程。微观企业投资行为会直接影响市场整体的资源配置状况，因此需引导企业行为决策，以提高实体经济资源配置效率。

3.2.2 信息不对称理论

一般均衡理论隐含着完全信息假定，但这违背了现代生活的经济基础——社会不存在劳动分工和专业化，原因在于社会劳动分工和专业化与每个人拥有完全信息的假定是不相容的。由此，阿克洛夫（G. Akerlof，1970）、斯宾塞（M. Spence，1974）和施蒂格利茨（J. Stiglitz，1985）提出了信息不对称理论，认为交易双方所获取的信息是存在差异的，其中掌握大量有效信息的一方具备信息优势，而信息相对缺乏的一方处于信息劣势，信息优势方为了谋取更多的利益，会做出有损信息劣势方的行为。信息不对称会导致逆向选择和道德风险问题。其中，逆向选择是签订合同前信息优势方出于自身利益最大化而隐瞒关键信息，使得信息劣势方难以做出准确决策。阿克洛夫（1970）构建了二手车市场的逆向选择模型，解释了信息不对称导致市场缺乏效率的原因。道德风险是签订合同后信息优势方采取利己行为，改变了签订合同前的行为模式，从而获得更高的预期收益，同时损害了信息劣势方的利益。施蒂格利茨（1985）将信息不对称理论运用于保险市场和信贷市场，认为非对称信息的存在会引起道德风险问题。

在购买董事高管责任保险中，是否从事违法行为是由管理者的主观能动性决定的，这并不是一种随机事件，而可能会引起道德风险和逆向选择问题。一方面，管理者有了董事高管责任保险为其行为进行兜底，会偏好从事高风险的行为，违法情形也随之增加，若违法行为未被发现，则获得巨额收益，若违法行为被发现并被起诉，产生的诉讼费用由保险公司承担，这是信息不对称所带来的道德风险问题。另一方面，保费是基于随机事件发生的概率计算得出的，概率越高则保费越高。一旦发生道德风险问题，保险公司无法有效分辨投保人是否采取高风险行为，只会一刀切地上调保费以确保自身损益平衡，导致让保险公司获得收益的低风险投保人逐渐退出市场，留下的是较高风险的投保人，为了应对道德风险，保险公司只能进一步调高保费，这又让较高风险投保人中的风险较低者退出市场，最后市场中只剩下高风险的投保人。这是信息不对称所带来的逆向选择问题。

3.2.3　委托代理理论

在现代企业组织理论中，委托代理问题很早就被经济学家提出。伯利和明斯（A. Berle and G. Means，1932）发现企业股票所有者和企业经理所扮演的角色不同，前者对企业具备所有权，后者是经营企业并做出决策。詹森和麦克林（M. Jensen and W. Meckling，1976）提出了企业所有权理论，并研究由债务和外部权益所产生的代理成本，说明它们与"所有权同控制权分离"的关系。

现代企业制度建立在所有权和控制权分离的基础之上，由于所有者和管理者之间利益不完全一致，在所有者处于信息劣势、不能对管理者进行完全监督的情况下，管理者有动机为了自身利益，做出损害所有者利益的自利行为，由此产生了委托代理问题。在股权高度分散的资本市场中，存在"搭便车"现象，股东监督企业管理者的动力和能力均不足，在这种情况下，管理者为了谋取个人私利，可能会去投资净现值为负但对自身有利的项目，扩大企业规模，从而获得超额收益和赢得晋升机会。此外，基于管理者对职业发展和声誉的担忧，在投资决策时倾向于采取风险规避的保守策略。委托代理理论研究如何设计出一个契约来约束和激励代理人行为。一方面，所有者可以设计一套信息激励机制，让管理者在决策时不仅考虑原有的信息，而且参考激励机制发出的新信息，这种新信息能够使管理者不会因为隐瞒私人信息而获利；另一方面，所有者可以引入监督机制，参与公司治理，抑制管理者的机会主义行为。

现代企业制度中持股比例较低的管理者只能获得相应的剩余索取权，却要承担与持股比例不相匹配的经营风险，因而管理者出于自身利益最大化，做出的行为决策与股东利益最大化相背离。基于管理层防御假说，管理层为了维护自身职位安全，规避投资失败带来的声誉和经济损失，有动机对低风险的日常项目过度投资，而对高风险的项目投资不足，造成企业价值下降。基于管理层短视主义，在选择投资股东价值最大化的长期项目还是次优的短期项目上，所有者倾向于管理者选择前者，但管理者考虑短期回报能够缓解业绩考核压力、提高薪酬待遇，更可能会选择后者，从而损害企业的长期发展。如果董事高管责任保险能够作为管理层的监督工具而存在，可以有效地抑制机会主义行为，鼓励企业从事长期有价值的投资活动，最终提升企业价值。如果董事高管责任保险作为管理层的自利工具而存在，降低了法律的威慑效应，助长了管理层机会主义行为，从而损害企业价值。

3.2.4 风险决策理论

风险决策理论是探究个体在面临风险和不确定性时如何进行行为决策，主要涉及两个方面的因素：一是决策者的主观性，表现为个人在知识结构、感情倾向、思维模式、风险承受力以及决策问题上的认知、判断等方面的差异性；二是决策问题的客观性，表现为决策的目的、环境、约束条件、未来状态以及其发生概率。风险决策理论的发展主要经历了三种理论，分别是期望值理论、期望效用理论以及前景理论。其中，期望值理论是人们根据风险决策的期望值大小来进行选择，重要假设为人们都是风险中立的。冯·诺依曼和莫根施特恩（J. Von-Neumann and O. Morgenstern，1944）提出期望效用理论，假定决策者追求期望货币价值最大化，给出了理性人在不确定条件下效用最大化的行为准则。前景理论将心理学和经济学结合起来，强调人们的行为不仅受到利益驱动，而且受到多种心理因素的影响，使得该理论与现实行为决策更加接近。风险决策理论基于期望法则，通过对客观风险结果或对结果的客观概率进行主观转化，建立各种期望模型，从而在一定程度上对个体的决策与偏好做出了合理解释。而风险的影响因素主要包括：未来可能的结果、结果发生的概率和未来事件的具体情境（K. Prem et al.，2010）。决策者对风险的主观态度可以分为三类：风险厌恶、风险寻求和风险中性。

随着法律制度的完善和投资者保护意识的增强，管理者的履职风险持续攀升，可能会引起法律诉讼和财产损失。基于风险决策理论，为了维护自身的利益和声誉，管理者对履职风险持有厌恶态度，表现为在企业经营决策中尽可能减少投资风险性高、不确定性大的项目。董事高管责任保险作为管理者最为纯粹的规避风险工具，可能会改变管理者对于风险的容忍度，影响其决策过程，进而作用于企业的经营、投资和财务等方面。已有研究发现，董事高管责任保险提高了企业的风险承担水平，最终改变了并购决策、投资效率、企业价值等。因而我们有理由相信，董事高管责任保险确实能够影响企业战略选择行为，随之而来的是各个业务部门的资源重新配置。

3.3　制度背景

董事高管责任保险诞生于 20 世纪初的美国，但最初发展缓慢，后来随着安然公司和世通公司财务造假丑闻的爆出，美国于 2002 年通过"萨奥"法案

(Sarbanes-Oxley Act)，严格限定上市公司董事高管群体的财务责任和义务，提高信息披露强度，造成其面临的诉讼风险显著增加，董事高管责任保险才逐渐在一些发达国家和地区成为重要的保险产品。例如，在美国、欧洲和加拿大，其覆盖率分别为96%、90%和86%。在亚洲，88%的新加坡上市公司选择购买了董事高管责任保险，其次是中国香港特别行政区的85%和中国台湾地区的60%（X. Li et al.，2022）。

我国董事高管责任保险的起步较晚。2002年，中国证监会发布的《上市公司治理准则》第三十九条规定了经股东大会批准，上市公司可以为董事购买责任保险。同年，最高人民法院发布的《关于受理证券市场因虚假陈述引发的民事侵权纠纷案件有关问题的通知》明确了董事虚假陈述民事赔偿案件的受理。2004年对《公司法》进行了修订，其中第一百一十一条规定了股东大会、董事会的决议违反法律、行政法规，侵犯股东合法权益的，股东有权向人民法院提起诉讼。2005年，《证券法》修订版第六十九条规定了上市公司的董事、监事以及高级管理人员除能够证明自己没有过错外，均应承担连带赔偿责任。2020年，新修订的《证券法》进一步提高了证券违法违规成本，专门设立第六章，规定了投资者保护制度。依据《中国证监会行政处罚情况综述》，2018年中国证监会做出了310项行政处罚决定，同比增长38.39%。随着法律法规的完善和监管力度的加强，管理层面临的履职风险和诉讼风险在逐年攀升，有利于推动董事高管责任保险在我国资本市场中的发展。

2002年，平安保险与美国丘博保险合作推出了第一款中文版董事高管责任保险，并将价值500万元的该保单赠送给万科股份有限公司董事长王石。[①]2006年，美亚财险推出了首个针对中国上市公司的董事、监事和高级管理人员的责任险，该产品将承保对象扩展到子公司的管理层，包括相关人员的管理、劳动就业过失、非故意诽谤等。随后华泰、人保、中银等保险公司也陆续开展了这项业务，但中国上市公司董事高管责任保险的覆盖率仍处于较低水

---

　　① 赖黎，唐芸茜，夏晓兰，马永强. 董事高管责任保险降低了企业风险吗？——基于短贷长投和信贷获取的视角［J］. 管理世界，2019，35（10）：160.

平，截止到 2018 年末，实际参保率不足 8%。① 根据上市公司公开披露的数据，2018 年董事高管责任保险市场中比较大的客户有：兖州煤业（股票代码：600188），其保费为 20.9 万美元，保额为 1500 万美元；中原证券（股票代码：601375），其保费为 10 万美元，保额为 2000 万美元；方正证券（股票代码：601901），其保费为 50 万元，保额为 1 亿元。基于行业层面的分析，金融业的实际参保率最高，然后依次是信息传输、计算机服务和软件业、采矿业，而在批发和零售业、公共管理、社会保障和社会组织等行业中没有上市公司选择购买董事高管责任保险。究其原因，一方面，在我国的资本市场中董事高管责任保险作为新生事物，在产品设计和实践过程中还存在保险责任边界不明、非标准化的保单格式、理赔较为困难等一系列现实问题，降低了上市公司投保积极性，例如，人保财险、平安财险等保险公司的免责范围过大，被保险企业难以获得赔偿，导致保险公司的监管水平不高（J. Wang et al., 2020）；另一方面，我国的相关法律法规仍有待完善，管理层面临的实际诉讼风险相对有限，投资者权益诉讼制度尚未真正建立，从而抑制该保险在保障董事高管合法权益中的积极作用。

2010 年，部分投资者因陕西鼎天济农腐殖酸制品有限公司存在虚假陈述和遗漏的情况，在美国内华达州地方法院提起集体诉讼，索赔金额为 4000 万美元至 8000 万美元，并对该公司董事以及高级管理人员提起衍生诉讼，索赔金额为 65 万美元。人保财险帮助该公司进行诉讼和解，集体诉讼金额和衍生诉讼金额分别降至 250 万美元和 52.5 万美元，另外人保财险支付了被保险人抗辩费 67.7 万美元。2011 年，美亚财险对广汽长丰汽车股份有限公司（股票代码：600991）民事赔偿诉讼案进行了理赔，这是董事高管责任保险在国内的第一起理赔案。在广汽长丰虚假陈述赔偿纠纷一案中，公司需向李某等 15 名原告累计支付包括投资差额损失、印花税损失、利息损失以及全部诉讼费用合计 98 万元，其中，美亚财险向广汽长丰理赔了 80 万元。虽然在认购前广汽长

---

① 胡国柳，赵阳，胡珺. D&O 保险、风险容忍与企业自主创新［J］. 管理世界，2019，35（8）：130.

丰已经存在虚假陈述问题，但美亚财险依然选择承保。① 由此可见，董事高管责任保险成为管理层的"保护伞"，可能诱发其道德风险和机会主义行为。

3.4　本章小结

本章的第一部分界定了董事高管责任保险和企业行为的相关概念，为下文的研究提供了概念基础。具体而言，一方面，董事高管责任保险是一种特殊的职业责任保险；另一方面，企业行为是管理层进行资源配置的具体表现。关于企业行为的选择思路，将研究视角上升到整体战略层面，考察了董事高管责任保险对企业战略选择行为的影响，然后聚焦于具体层面的企业行为，以自我效用满足程度为标准，依次选取了企业金融化、创新以及社会责任。本章第二部分梳理了对高管责任保险与企业行为之间关系进行研究的相关基础理论，主要包括新产业组织理论、信息不对称理论、委托代理理论以及风险决策理论，为研究假设提供理论支撑。本章第三部分介绍了我国董事高管责任保险发展的制度背景。随着法律法规的完善和投资者保护意识的增强，董事、监事以及高级管理人员面临的履职风险不断攀升，董事高管责任保险在我国逐步发展，明晰其承保范围、赔偿原则以及赔偿案例尤为重要。

越来越多的上市公司选择购买董事高管责任保险，相当于为管理层戴上了"将军的头盔"，这是公司的治理利器还是管理层的自利工具，学术界一直存在争议。董事高管责任保险影响管理者决策，进而作用于企业的经营、投资、财务等方面。因此，本书植根于中国本土情境，探究董事高管责任保险对企业行为的治理作用。基于理论基础，系统考察董事高管责任保险是完善公司治理还是助长管理者机会主义行为。接下来的第 4 章至第 7 章，主要是针对提出的研究假设进行实证检验与分析。

---

①　Wang J, Zhang J et al. Directors' and officers' liability insurance and firm innovation［J］. Economic Modelling, 2020（89）: 415.

第4章 董事高管责任保险对企业战略选择行为的影响分析

4.1 引言

董事高管责任保险是一种职业责任保险，当董事、监事以及高级管理人员在履行日常职责时，被指控不当行为而引起索赔，保险公司应依法承担其经济赔偿责任以及因上述事故所支付的诉讼费用。董事高管责任保险在美国、加拿大、英国等发达经济体的上市公司中普遍存在（H. Zou et al.，2008），其中，有96%的美国上市公司为董事和高管购买了该保险。而中国的董事高管责任保险仍处于初步发展阶段，实际参保率较低（赖黎等，2019）。尽管董事高管责任保险受到越来越多的关注，但关于其经济效应，尤其是该保险在企业行为中的作用一直是国内外学者争论的焦点。基于现有研究，董事高管责任保险的影响较为广泛，对并购决策（C. Lin et al.，2011b）、融资行为（C. Lin et al.，2013）、投资效率（K. Li and Y. Liao，2014）、风险承担（M. Boyer and S. Tennyson，2015）以及研发创新（J. Wang et al.，2020）等都会产生作用。但董事高管责任保险对企业行为的深层次影响机制，还有待进一步研究。企业战略选择作为战略管理理论的核心要素之一，影响了企业的经营目标、资源配置方向以及行动计划，战略虽着眼于未来，但也立足于当下，关注企业行为的方方面面。因此，探究董事高管责任保险对企业战略选择行为的影响，有助于更好理解企业购买董事高管责任保险背后的实际动机和作用效果。而在现有文献中，大部分从微观企业单一行为的角度进行考察，鲜有从企业战略选择这一整体层面分析董事高管责任保险的经济后果。

企业战略本身并无优劣之分，只有适合与否，合适的战略对企业发展具有重要意义（王百强等，2018），一方面可以指导企业应对外部的风险和竞争，例如，经济不确定性、政治制度和产业政策等因素，另一方面可以强化企业内部的程序和决策，例如，金融化行为、创新决策和社会责任投资等因素。而依据高层梯队理论，管理层的统计学特征能够深刻影响企业的经营决策和投资行为（D. Hambrick，2007），其中，企业行为是企业战略的具体表现，企业战略与管理层决策息息相关。购买董事高管责任保险则是管理层内部决策的结果，一定程度上会反映其风险偏好、治理理念和社会责任，由于该保险保护了管理层的个人利益，分散了诉讼风险，因此可能诱发管理层在选择战略激进程度上的变化。因此，董事高管责任保险可能对企业战略选择产生重要影响。

基于 2007~2018 年中国 A 股上市公司的数据，本章考察了董事高管责任保险对企业战略选择的影响。研究结果表明，董事高管责任保险会促使企业战略激进度提高，该结论在考虑内生性问题、改变变量度量方式、改变样本选取和增加控制变量等方法后，发现研究结论依然成立。机制检验发现，董事高管责任保险通过增加风险承担和缓解融资约束，提升企业战略激进度。进一步研究显示，董事高管责任保险会引起自利效应，管理层因实施机会主义行为而偏向进攻型战略，从而损害未来的经营业绩和企业价值。

本章的研究贡献主要体现在两个方面。第一，丰富了企业购买董事高管责任保险经济后果的相关文献，研究发现我国上市公司购买董事高管责任保险时自利效应占主导的经验证据，即该保险降低了法律诉讼对管理者的威慑效应，诱发了管理层实施机会主义行为的倾向，可能通过采取一系列策略性的风险投资来提高战略激进度，为企业长远健康发展埋下隐患。因此，我们的结论具有重要的政策含义，支持了在政策层面强制性披露董事高管责任保险的相关信息，尽可能减少潜在的道德风险问题（Z. Chen et al.，2016）。这与胡国柳和王禹（2019）发现董事高管责任保险通过激励效应影响差异化战略的结论有所不同，原因可能在于差异化战略指标反映的是企业战略定位偏离行业标准程度，而本章采用的企业战略指标反映的是战略激进度，研究的侧重点存在差异。第二，丰富了企业战略选择影响因素的相关文献，现有文献主要从宏观外部环境、微观内部结构等层面考察对战略管理理论中的企业战略选择影响，而本章的研究从企业购买董事高管责任保险出发，深入分析了管理层作为企业战略的重要决策主体在战略选择过程中所扮演的角色，揭示了董事高管责任保险与企业战略选择之间的内在逻辑关系，拓展了保险学和管理学交叉学科研究的视角。

本章余下部分的结构安排如下：第二部分为研究假设，第三部分是研究设计，第四部分为实证结果分析，第五部分为拓展性分析，最后是本章小结。

4.2　研究假设

董事高管责任保险的保障范围包括董事高管的赔偿责任和企业的补偿责任，主要作用有以下两点：一是转移管理者的诉讼风险，保护企业的财产安全；二是保障企业资产安全，提升企业的治理能力。而管理层作为企业战略的制定者和实施者，董事高管责任保险通过影响管理者和企业，进而作用于战略选择行为，其影响机制可能主要体现在以下两个方面。

第一，董事高管责任保险提升了风险承担水平。董事高管责任保险降低了管理者的执业风险和诉讼成本，一定程度上会提高其风险容忍度，增加风险投资的积极性，进而提升企业的战略激进度。已有文献表明，董事高管责任保险对管理者和企业的双重避险功能构成了企业风险管理的重要部分，提高了风险承担水平（C. Lin et al., 2013），进而增加企业的创新投入（胡国柳等，2019），推动并购行为的发生（郝照辉和胡国柳，2014），加速企业多元化投资（H. Chi et al., 2013）。这对企业发展的影响存在两面性，一方面，董事高管责任保险可能产生激励效应，激发管理层不再拒绝风险性高、周期性长的好项目（胡国柳和胡珺，2017），而良好的高风险投资能为企业带来更多的预期收益，有利于企业的长期价值创造和可持续发展；另一方面，董事高管责任保险可能产生自利效应，减少管理层因自身不当行为而带来的诉讼风险和经济损失，降低管理层实施自利行为的机会成本，改变以往小心谨慎的投资原则

（Parsons，2003），倾向于采取关联交易、无效率的研发支出等行为来提高私人收益，从而诱发更多的风险投资和价值偏离决策，损害企业的长远健康发展。

相比于防御型企业，进攻型企业往往经营风险更高、投资行为更频繁，需要具有冒险精神和风险偏好的管理层来推动战略实施。而管理者害怕因决策失误造成辞退、赔偿、声誉受损等不利影响，一般采取风险规避的态度。董事高管责任保险则在更大程度上降低了管理者的执业风险，推动其进行更多高风险的投资行为，从而增加企业实施激进战略的可能性。综上可知，董事高管责任保险提升了风险承担水平，促使企业战略激进度上升。

第二，董事高管责任保险缓解融资约束。董事高管责任保险能够代替管理者为利益受损的投资者提供补充赔偿，一定程度上保障了企业自身的资产安全，增加外部投资者对企业的乐观态度，提高企业的外部信用水平，降低融资成本，从而促使企业战略激进度上升。具体来说，首先，董事高管责任保险不仅可以转移管理层的诉讼风险，也避免了企业的资产损失，该保险的承保范围作为企业隐形资产的一部分，有利于稳定内部现金流，降低财务困境风险和破产风险，进而缓解企业内源融资压力；其次，我国资本市场中购买董事高管责任保险的企业并不多，购买此险种的企业可能会受到市场上更多的关注度和外部监督，同时，保险公司也可能发挥外部监督者职能，约束管理层行为，消减代理人问题，进而提高企业的信用评级（胡国柳和谭露，2018），降低融资成本（胡国柳和彭远怀，2017）；最后，董事高管责任保险通过减少管理层在法律诉讼中的财务风险，可能会降低企业在信息披露方面的及时性和严谨性，此外，我国法制环境有待完善，个体违法成本相对低，董事高管责任保险又是较新的险种，可能难以发挥监督治理功能（赖黎等，2019），进而减少了机会主义行为被曝光的概率，使得市场上的投资者只能获得企业有限的负面信息（J. Wynn，2008），导致其面临相对较低的股价下行压力和外部融资成本（孟庆斌等，2019）。

采取进攻型战略的企业往往热衷于探索新技术、新产品和新市场，以此来提高企业的市场份额和强化企业的市场地位，而开拓无标准化流程和无成熟模式的新业务领域，都离不开企业内部和外部的大量资金投入，董事高管责任保险通过缓解融资约束，一定程度上为企业的战略扩张提供了资金支持。同时，防御型企业的资金需求水平较低，即便融资成本下降，对企业的经营活动和投资行为所产生的影响也相对较小。综上可知，董事高管责任保险可能缓解了管理层实施进攻型战略的融资约束，促使企业战略激进度上升。

基于以上分析，本章提出假设 4 - 1：企业购买董事高管责任保险会提高战略激进度。

4.3　研究设计

4.3.1　样本选择与数据来源

本章选取 2007 ~ 2018 年中国沪深 A 股上市公司作为初始样本，并进行如下处理：（1）剔除金融行业上市公司；（2）剔除数据存在缺失的样本；（3）由于计算企业战略需要 5 年的财务数据，因此剔除上市不满 5 年的公司样本。经过上述筛选，最终得到 19996 个有效观测值。此外，为了消除极端值的影响，我们对连续变量进行 1% 和 99% 水平上的 Winsorize 处理。董事高管责任保险是通过上市公司年报、股东大会信息文件和董事会公告等途径手工搜集整理得到。内部控制指数来自迪博内部控制与风险管理数据库，其他数据均来自 CS-MAR 数据库和 Wind 数据库。

4.3.2　模型设计与变量定义

为了检验董事高管责任保险对企业战略选择的影响，本章设计如下回归模型：

$$Strategy_{i,t} = \beta_0 + \beta_1 DOI_{i,t-1} + \beta_2 Control_{i,t-1} + Firm_i + Year_t + \varepsilon_{it} \quad (4-1)$$

1. 被解释变量

上述回归方程的被解释变量 Strategy 表示企业战略，借鉴班特立等（2013）、孙健等（2016）和孟庆斌等（2019）的研究，从以下 6 个指标来度量企业战略。（1）创新倾向性，采用研发投入与营业收入的比重来衡量，但由于上市公司研发投入数据披露时间较晚且披露信息不全，因此借鉴现有文献，采用无形资产净额代替研发投入，相比于防御型企业，进攻型企业会更加倾向进行研发活动。（2）提供产品或服务的能力，采用员工人数与营业收入的比值来衡量，相较于防御型企业，进攻型企业对员工效率关注度较少。（3）成长性，采用营业收入的增长率来反映，通常进攻型企业的成长性更大。（4）稳定性，采用员工人数的标准差来反映，进攻型企业通常依据内外环境变化而主动改变内部组织结构，从而内部稳定性较差。（5）市场扩张性，采用销售费用与管理费用之和与营业收入的比重进行衡量，进攻型企业会更加积极地拓展市场，从而费用率更高。（6）资本密度，采用固定资产与总资产的比值来反映，进攻型企业通常人力资本密度较高，固定资本密度较低。

针对上述 6 个指标，先计算出企业过去 5 年的平均值，然后按照"年度—行业"从小到大平均分成 5 组。对于前 5 个指标，将最小组取值为 1 分，次小组取值为 2 分，以此类推，最大组取值为 5 分。而第 6 个指标则是最小组取值为 5 分，次小组取值为 4 分，以此类推，最大组取值为 1 分。最后将 6 个指标的取值相加，得分取值范围在 6 ~ 30 分之间，称为战略激进度。如果得分大于等于 24 分，则为进攻型战略，得分小于等于 12 分，则为防御型战略，得分处于两者之间，则为分析型战略。得分越高，说明企业的战略激进度越高，越可能是进攻型企业；得分越低，说明企业的战略激进度越低，越可能是防御型企业。

2. 核心解释变量

参考袁蓉丽等（2016）、贾宁等（2019）的研究，解释变量 *DOI* 表示董事高管责任保险，采用虚拟变量进行度量，如果企业第 *t* 年购买该保险，则取值为 1，否则取 0。

3. 控制变量

借鉴贺劭和田轩（2013）、赖黎等（2019）的研究，控制企业特征的变量：企业规模（*Size*）、企业年龄（*Age*）、资产负债率（*Lev*）、现金持有（*Cash*）、盈利能力（*ROE*）、托宾 Q（*TobinQ*）、企业性质（*SOE*）。控制企业治理的变量：董事会规模（*Board*）、二职合一（*Dual*）、独立董事占比

（*Indep*）、内部控制指数（*InCon*）、市场竞争程度（*HHI*）、机构投资者持股比（*InstOwn*）。具体定义见表 4 - 1。

表 4 - 1 主要变量定义

变量名称	变量符号	变量定义
企业战略	*Strategy*	从六个维度进行衡量
董事高管责任保险	*DOI*	企业本年购买了该保险，取值为 1，否则取 0
企业规模	*Size*	企业总资产的自然对数
企业年龄	*Age*	企业上市年限的自然对数
资产负债率	*Lev*	总负债除以总资产
现金持有	*Cash*	现金及现金等价物除以总资产
盈利能力	*ROE*	净利润除以总资产
成长性	*TobinQ*	流通股股数乘以每股价格与非流通股股数乘以每股净资产相加，再加总负债，除以总资产
企业性质	*SOE*	国有企业取值为 1，否则取 0
董事会规模	*Board*	董事会人数的自然对数
二职合一	*Dual*	如果董事长和总经理同为一人，取值为 1，否则取 0
独立董事占比	*Indep*	独立董事人数除以董事会人数
内部控制指数	*InCon*	来自迪博内部控制与风险管理数据库的数据
市场竞争程度	*HHI*	一个行业中每个企业的产品收入占行业总收入的平方和
机构投资者持股比	*InstOwn*	机构投资者持股数除以总股数

4. 回归分析

为了缓解董事高管责任保险与企业战略之间可能存在的内生性问题，模型（4 - 1）将核心解释变量和所有控制变量均滞后一期，并且控制企业固定效应和年份固定效应，对所有回归系数的标准误进行企业层面的聚类调整。

4.4 实证结果分析

4.4.1 描述性统计

表 4 - 2 报告了主要变量的描述性统计结果。由表 4 - 2 可知，董事高管责任保险的均值为 0.0593，说明样本中只有 5.93% 的中国上市公司购买了董事高管责任保险，与其他学者的研究结果基本一致（胡国柳等，2019）。企业战略的均值为 17.9641，标准差为 3.7318，说明上市公司以分析型战略为主，公司之间的战略类型存在一定差异性。本章的其他变量与现有文献描述基本一致，这里不再进一步分析。

表 4 - 2   描述性统计

变量	样本数	均值	标准差	最小值	最大值
DOI	19996	0.0593	0.2362	0.0000	1.0000
Strategy	19996	17.9641	3.7318	6.0000	30.0000
Size	19996	22.1067	1.2787	19.0567	25.7259
Age	19996	2.3848	0.5149	1.3863	3.2189
Lev	19996	0.5563	0.3251	0.0569	2.1646
Cash	19996	0.2058	0.2012	0.0077	2.0016
ROE	19996	0.0424	0.0784	- 0.2407	0.3632
TobinQ	19996	2.2815	1.5928	0.9087	9.7485
SOE	19996	0.4911	0.4999	0.0000	1.0000
Board	19996	2.1599	0.2016	1.6094	2.7081
Dual	19996	0.2104	0.4076	0.0000	1.0000
Indep	19996	0.3707	0.0535	0.1818	0.5714
InCon	19996	0.6305	0.1650	0.0000	0.9052
InstOwn	19996	0.0687	0.0811	0.0000	0.7505
HHI	19996	0.0541	0.0950	0.0085	0.4902

4.4.2　基准回归结果分析

本章采用面板固定效应模型，实证检验了董事高管责任保险对企业战略选择的影响，回归结果见表 4 - 3。其中，第（1）列只控制了年份固定效应，发现董事高管责任保险（DOI）与企业战略（Strategy）之间呈负相关关系。而第（2）列在控制企业固定效应后，即便第（3）、第（4）列中逐步加入控制变量，董事高管责任保险（DOI）与企业战略（Strategy）之间仍呈显著的正相关关系，并且在引入企业基本特征和治理情况的控制变量后，回归结果的正向显著性有所增加。这说明遗漏变量，特别是不随时间变化的企业层面遗漏变量，会造成董事高管责任保险与企业战略的回归系数产生向下的偏误。例如，企业文化中如果对失败的容忍度较低而倾向于采取防御型战略，同时又购买董事高管责任保险规避失败所带来的风险，企业文化这一遗漏变量是不可观测的，但与董事高管责任保险和企业战略呈负相关关系，从而导致回归系数出现向下的偏误。因此，加入企业固定效应可以控制不随时间变化的遗漏变量对企业战略的影响。综上所述，表 4 - 3 的结果符合假设 4 - 1，即购买董事高管责任保险提高了企业战略激进度。

表 4 - 3　　　　董事高管责任保险与企业战略选择：基准回归

变量	(1)	(2)	(3)	(4)
DOI	- 1.0361 ***	0.5610 **	0.6111 **	0.6245 **
	(0.2884)	(0.2759)	(0.2665)	(0.2660)
Size			4.1110 ***	3.8769 ***
			(0.3829)	(0.3890)
Age			1.0708 ***	1.0978 ***
			(0.1384)	(0.1358)
Lev			0.7915 ***	0.7367 ***
			(0.0996)	(0.1001)
Cash			- 0.4849 *	- 0.4946 *
			(0.2740)	(0.2741)

续表

变量	(1)	(2)	(3)	(4)
ROE			0.1020 (0.1574)	0.0661 (0.1572)
TobinQ			0.1616 *** (0.0304)	0.1332 *** (0.0310)
SOE			− 0.0913 (0.2392)	− 0.0913 (0.2358)
Board				0.5940 ** (0.2718)
Dual				2.2738 *** (0.7640)
Indep				0.0613 (0.0926)
InCon				− 1.4833 ** (0.7338)
InstOwn				1.9657 *** (0.3980)
HHI				0.1040 (0.1925)
企业固定效应	No	Yes	Yes	Yes
年份固定效应	Yes	Yes	Yes	Yes
N	19996	19996	19996	19996
Adj. R^2	0.0044	0.6811	0.7078	0.7093

注：括号中是经企业聚类稳健标准误调整的 t 值，***、** 和 * 分别表示 1%、5% 和 10% 的显著性水平。

在控制变量方面，*Size* 和 *Age* 的回归系数在 1% 的水平上显著为正，说明企业规模越大，上市年份越长，战略激进度越高。*Lev* 的回归系数也在 1% 的水平上显著为正，说明企业负债率越高，战略激进度越高。*Tobin* 的回归系数显著为正，说明企业成长性越高，战略越趋向于激进。*Board* 和 *Dual* 的回归系数显著为正，说明董事会规模和二职合一能够提高企业战略激进度。*InCon* 的回归系数显著为负，说明内部控制越完善，越可能约束管理层行为，战略越趋于稳健。*InstOwn* 的回归系数显著为正，说明机构投资者持股可以有效激励管理层提高战略激进度。

4.4.3　内生性检验

1. 工具变量法

鉴于购买董事高管责任保险的决定是企业内部决策的结果，因此董事高管责任保险与企业在战略统计上的显著关系可能源于反向因果或者遗漏重要变量，本章尝试用工具变量法来处理潜在的内生性问题。参考林晨等（C. Lin et al.，2013）的做法，选取行业平均参保率作为董事高管责任保险的工具变量。行业平均参保率用两种方法衡量，一是行业实际参保企业占全部企业的比率（*Incidence*1），二是行业实际参保人数占全部人数的比率（*Incidence*2）。选择其作为工具变量的原因有两点：一是同一行业的企业往往需要相似的技术和管理人才，所以企业管理层的薪酬方案（其中包括董事高管责任保险的购买）成为争取人才的必要手段，因而同一行业的企业更可能采取与竞争对手相似的管理层薪酬方案（M. Adams et al.，2011）；二是同一行业的企业往往面临相似的商业风险和商业周期，股东的诉讼风险会透露行业模式，例如，高科技企业可能是在某些时期比其他企业更有可能成为诉讼对象（J. Core，2000）。因此，我们认为行业平均参保率与企业是否购买董事高管责任保险之间具有较强的相关关系，但通过行业平均参保率并不会直接影响到单个企业战略。本章采用两阶段最小二乘法进行估计，具体结果见表 4 - 4。第（1）、第（2）列是第一阶段的回归结果，可以看出董事高管责任保险（*DOI*）与行业平均参保率（*Incidence*1 和 *Incidence*2）之间具有显著的正相关关系，第（3）、第（4）列是第二阶段的回归结果，采用工具变量估计 *DOI* 的回归系数在 1% 的水平上显著为正，说明董事高管责任保险的购买能够提高企业战略激进度，这与上文的结论保持一致。此外，Cragg-Donald Wald F 统计量的结果表明选择的工具变量不存在弱工具变量问题。

表 4 – 4　　　　　　　　　　　工具变量检验

变量	第一阶段		第二阶段	
	（1）	（2）	（3）	（4）
	DOI	*DOI*	*Strategy*	*Strategy*
Incidence1	0.3491 *** (0.0830)			
Incidence2		0.2662 *** (0.0642)		
DOI			30.5019 *** (8.5338)	25.5179 *** (7.4543)
Size	−0.0023 (0.0044)	−0.0022 (0.0044)	0.7896 *** (0.1651)	0.7807 *** (0.1481)
Age	−0.0121 (0.0138)	−0.0121 (0.0138)	−0.1063 (0.5210)	−0.1711 (0.4637)
Lev	0.0013 (0.0069)	0.0013 (0.0069)	1.0646 *** (0.2621)	1.0701 *** (0.2331)
Cash	0.0050 (0.0078)	0.0050 (0.0078)	−0.0756 (0.2984)	−0.0519 (0.2650)
ROE	−0.0154 (0.0179)	−0.0155 (0.0179)	4.3158 *** (0.6873)	4.2426 *** (0.6140)
TobinQ	0.0003 (0.0013)	0.0004 (0.0013)	0.1290 *** (0.0499)	0.1297 *** (0.0449)
SOE	0.0100 (0.0079)	0.0099 (0.0079)	−0.3880 (0.3569)	−0.3385 (0.3277)
Board	−0.0135 (0.0162)	−0.0137 (0.0162)	1.0195 * (0.5768)	0.9485 * (0.5085)
Dual	−0.0022 (0.0045)	−0.0023 (0.0045)	0.1232 (0.1614)	0.1128 (0.1438)
Indep	−0.0190 (0.0451)	−0.0190 (0.0451)	2.9048 * (1.5795)	2.7996 ** (1.3873)
InCon	−0.0020 (0.0090)	−0.0018 (0.0090)	0.1505 (0.3307)	0.1427 (0.2957)

续表

变量	第一阶段		第二阶段	
	(1)	(2)	(3)	(4)
	DOI	*DOI*	*Strategy*	*Strategy*
InstOwn	− 0.0097 (0.0194)	− 0.0108 (0.0193)	2.2868 *** (0.7006)	2.2332 *** (0.6202)
HHI	− 0.0117 (0.0314)	− 0.0104 (0.0313)	− 1.3571 (1.1362)	− 1.3782 (1.0246)
企业固定效应	Yes	Yes	Yes	Yes
年份固定效应	Yes	Yes	Yes	Yes
Kleibergen – Paap rk LM 统计量	18.209 ***	17.900 ***		
Cragg – Donald Wald F 统计量	71.970	80.879		
N	19996	19996	19996	19996

注：括号中是经企业聚类稳健标准误调整的 t 值，***、** 和 * 分别表示 1%、5% 和 10% 的显著性水平。

2. 倾向得分匹配法

由于购买董事高管责任保险的中国上市公司占比较低，最终投保的公司可能是经过保险公司筛选后留下的本身经营状况良好的公司，本章结论可能会受到样本选择偏差的影响，因此采用倾向得分匹配法（PSM）进行检验。其中，满足共同支撑假设和平衡性假设是采用倾向得分匹配法的重要前提。图 4 - 1 是使用邻近匹配法得到的匹配前后有董事高管责任保险和无董事高管责任保险企业的倾向得分值，可以发现，匹配前两组样本倾向得分值的核密度曲线存在较大差异，匹配后两组样本的核密度曲线非常相似，说明总体匹配效果较好。表 4 - 5 是平衡性检验结果，可见匹配后每个变量对应的 P 值均大于 0.1，说明两组样本匹配后的所有特征变量均不存在显著性差异，通过了平衡性假设。PSM 具体步骤如下：首先，使用是否购买董事高管责任保险的虚拟变量与其他所有控制变量进行回归，得到各个观测值得分；其次，基于此得分，将购买董事高管责任保险的企业样本和没有购买董事高管责任保险的企业样本进行匹配；最后，得到匹配后的样本。表4-6显示了匹配后的回归结果。第（1）列是按照1:2的比例进行有放回邻近匹配，第（2）列是按照1:3的比例进行有放回邻近匹配，回归结果发现，*DOI*的回归系数均显著为正，说明在重新匹配样本后，基准回归结论依然成立。

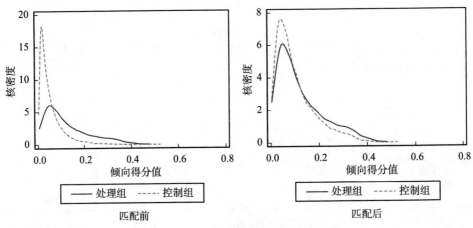

匹配前   匹配后

图4-1　倾向得分值概率分布密度函数

表4-5　　　　　　　　　　　　　　平衡性检验结果

变量	样本	均值		t 统计量	P 值
		实验组	控制组		
Size	匹配前	23. 0450	22. 0480	26. 52	0. 000
	匹配后	23. 0450	23. 0730	- 0. 43	0. 666
Age	匹配前	2. 6549	2. 3677	18. 80	0. 000
	匹配后	2. 6549	2. 6504	0. 26	0. 791
Lev	匹配前	0. 6310	0. 5516	8. 18	0. 000
	匹配后	0. 6310	0. 6369	- 0. 47	0. 640
Cash	匹配前	0. 1929	0. 2066	- 2. 28	0. 023
	匹配后	0. 1929	0. 2007	- 0. 93	0. 354
ROE	匹配前	0. 0325	0. 0431	- 4. 49	0. 000
	匹配后	0. 0325	0. 0355	- 0. 97	0. 332

续表

变量	样本	均值		t 统计量	P 值
		实验组	控制组		
TobinQ	匹配前	1.9326	2.3035	−7.79	0.000
	匹配后	1.9326	1.9101	0.37	0.711
SOE	匹配前	0.7428	0.4753	18.02	0.000
	匹配后	0.7428	0.7357	0.40	0.691
Board	匹配前	2.1998	2.1573	7.04	0.000
	匹配后	2.1998	2.1953	0.51	0.610
Dual	匹配前	0.1231	0.2159	−7.61	0.000
	匹配后	0.1231	0.1244	−0.09	0.926
Indep	匹配前	0.3774	0.3703	4.48	0.000
	匹配后	0.3774	0.3809	−1.42	0.155
InCon	匹配前	0.6461	0.6295	3.35	0.001
	匹配后	0.6461	0.6547	−1.27	0.203
InstOwn	匹配前	0.0650	0.0689	−1.59	0.113
	匹配后	0.0650	0.0691	−1.33	0.184
HHI	匹配前	0.0611	0.0537	2.61	0.009
	匹配后	0.0611	0.0615	−0.11	0.912

注：*** 、** 和 * 分别表示 1%、5% 和 10% 的显著性水平。

表 4 - 6　　　　　　　　　　倾向得分匹配检验

变量	(1)	(2)
DOI	20.9506 ** (8.8307)	21.1948 ** (8.9689)
Size	1.0285 *** (0.3160)	1.0203 *** (0.2808)
Age	0.6818 (1.9181)	1.3401 (1.5900)

续表

变量	（1）	（2）
Lev	2. 4964 *** （0. 7404）	2. 3783 *** （0. 7017）
Cash	− 1. 4351 （0. 9958）	− 1. 0932 （0. 8690）
ROE	5. 4319 *** （1. 7236）	5. 4567 *** （1. 5645）
TobinQ	0. 1918 * （0. 1088）	0. 1462 （0. 0993）
SOE	− 1. 8675 * （1. 0304）	− 1. 3884 （0. 8581）
Board	1. 3353 （1. 0888）	0. 7876 （0. 8643）
Dual	− 0. 5364 （0. 3505）	− 0. 3041 （0. 3524）
Indep	6. 6814 ** （3. 0243）	3. 1755 （2. 3326）
InCon	0. 5719 （0. 8645）	0. 2596 （0. 6981）
InstOwn	1. 4169 （1. 5752）	2. 2807 （1. 6258）
HHI	2. 0977 （3. 0845）	1. 5849 （2. 5379）
企业固定效应	Yes	Yes
年份固定效应	Yes	Yes
N	3180	4001
Adj. R^2	0. 0025	0. 0032

注：括号中是经企业聚类稳健标准误调整的 t 值，*** 、** 和 * 分别表示 1%、5% 和 10% 的显著性水平。

4.4.4 稳健性检验

1. 改变主要变量度量方法

参考赖黎等（2019）的做法，手工搜集整理上市公司公布的董事高管责任保险的保额（Coverage）和保费（Premium），然后将其取对数值作为企业是否购买董事高管责任保险的替代变量。同时，借鉴王化成等（2017）的方法，剔除研发强度和市场扩张两个维度，将六个维度的企业战略指标替换为四个维度（$Strategy_{new}$），对模型（4－1）进行重新估计。回归结果见表4－7。由第（1）、第（2）列可知，Coverage 和 Premium 的回归系数均显著为正，从第（3）、第（4）列可以看出，DOI 从四个维度度量企业战略的回归系数仍显著为正，表明董事高管责任保险能够提高企业战略激进度，这与表4－3的结论保持一致。

表4－7 改变主要变量度量方法

变量	（1）	（2）	（3）	（4）
	Strategy	Strategy	$Strategy_{new}$	$Strategy_{new}$ （Ⅳ）
Coverage	0.1239 ** (0.0611)			
Premium		0.4873 *** (0.1892)		
DOI			0.4344 * (0.2267)	13.2438 *** (4.6794)
Size	0.7445 *** (0.1046)	0.7393 *** (0.1046)	1.1974 *** (0.0688)	1.2200 *** (0.0917)
Age	－ 0.5474 * (0.2854)	－ 0.5618 ** (0.2858)	－ 0.5142 ** (0.2147)	－ 0.3477 (0.2930)
Lev	1.0500 *** (0.1395)	1.0507 *** (0.1394)	0.5805 *** (0.1097)	0.5662 *** (0.1544)

续表

变量	(1) Strategy	(2) Strategy	(3) Strategy_new	(4) Strategy_new（Ⅳ）
Cash	0.1440 (0.1609)	0.1444 (0.1609)	−0.0373 (0.1287)	−0.0981 (0.1772)
ROE	3.8314 *** (0.4024)	3.8457 *** (0.4028)	3.3499 *** (0.3210)	3.5381 *** (0.4112)
TobinQ	0.1297 *** (0.0320)	0.1280 *** (0.0320)	0.1247 *** (0.0236)	0.1229 *** (0.0292)
SOE	0.0253 (0.2413)	0.0289 (0.2411)	0.0399 (0.1867)	−0.0873 (0.2310)
Board	0.6642 ** (0.2805)	0.6799 ** (0.2805)	0.4461 * (0.2281)	0.6285 * (0.3235)
Dual	0.0704 (0.0963)	0.0760 (0.0964)	0.0176 (0.0763)	0.0441 (0.0934)
Indep	2.4484 *** (0.7971)	2.4381 *** (0.7974)	1.3878 ** (0.6467)	1.6583 * (0.8905)
InCon	0.1372 (0.2012)	0.1347 (0.2012)	0.3546 ** (0.1536)	0.3746 * (0.1935)
InstOwn	1.8769 *** (0.4068)	1.8980 *** (0.4070)	1.8517 *** (0.3357)	1.9893 *** (0.4116)
HHI	−1.6179 ** (0.7381)	−1.6159 ** (0.7375)	−1.1148 * (0.5923)	−1.0607 (0.6767)
企业固定效应	Yes	Yes	Yes	Yes
年份固定效应	Yes	Yes	Yes	Yes
N	18877	18879	19996	19996
Adj. R^2	0.7093	0.7088	0.6411	0.0144

注：括号中是经企业聚类稳健标准误调整的 t 值，*** 、** 和 * 分别表示1%、5%和10%的显著性水平。

2. 样本选取问题

考虑到高管更替可能会影响企业战略，因此剔除 3 年内高管发生变动的数据，此外，如果企业在样本期间只购买过一次董事高管责任保险，其对企业战略的影响可能很小，所以剔除只购买过一次该保险的企业数据，表 4 - 8 的第 (1)、第 (2) 列分别给出了剔除高管更替和保险次数的回归结果，可以发现 *DOI* 的回归系数均显著为正，说明董事高管责任保险与企业战略之间存在正相关关系，进一步提升了结论的稳健性。

3. 遗漏变量问题

本章的模型虽然已经控制了较多的影响因素，但仍可能存在遗漏变量问题，比如管理层的个人特征和企业所在地的经济发展水平都可能会影响企业战略的制定 (D. Hambrick and P. Mason, 1984；孟庆斌等，2019)，从而引起内生性问题。基于此，我们增加一些可能的遗漏变量，包括管理层平均年龄 (*Mngage*)、管理层平均学历 (*Mngedu*，学历分别为博士、硕士、本科、大专、中专及以下，依次取值 5、4、3、2、1，然后计算平均值) 和企业注册地 (*Location*，注册地位于东部、中部、西部，依次取值 3、2、1)。表 4 - 8 的第 (3)、第 (4) 列给出了增加遗漏变量后的回归结果，可以看出董事高管责任保险依然会提高企业战略激进度，支持本章的主要结论。

表 4 - 8 　　　　　　　　　　　更改样本选取和增加遗漏变量

变量	(1)	(2)	(3)	(4)
DOI	1. 0848 * (0. 5659)	0. 6758 ** (0. 2920)	0. 6204 ** (0. 2631)	0. 6298 ** (0. 2652)
Mngage			- 0. 0510 *** (0. 0172)	
Mngedu			0. 0764 (0. 0962)	
Location				- 0. 5204 ** (0. 2317)
Size	0. 9841 *** (0. 1752)	0. 7237 *** (0. 1007)	0. 7456 *** (0. 1033)	0. 7417 *** (0. 0996)
Age	- 0. 7961 ** (0. 3894)	- 0. 5274 * (0. 2762)	- 0. 5361 ** (0. 2727)	- 0. 5115 * (0. 2729)

变量	（1）	（2）	（3）	（4）
Lev	1. 1618 *** （0. 2199）	1. 1099 *** （0. 1365）	1. 1380 *** （0. 1338）	1. 0879 *** （0. 1350）
Cash	− 0. 5347 ** （0. 2585）	0. 0608 （0. 1582）	0. 0521 （0. 1635）	0. 0641 （0. 1572）
ROE	5. 1910 *** （0. 7736）	3. 9075 *** （0. 3933）	3. 6931 *** （0. 4002）	3. 8628 *** （0. 3894）
TobinQ	0. 0823 * （0. 0453）	0. 1280 *** （0. 0312）	0. 1322 *** （0. 0304）	0. 1358 *** （0. 0308）
SOE	− 0. 5595 （0. 3617）	− 0. 1039 （0. 2395）	− 0. 1591 （0. 2104）	− 0. 0962 （0. 2349）
Board	0. 6133 （0. 4179）	0. 5347 ** （0. 2726）	0. 5264 ** （0. 2594）	0. 5898 ** （0. 2715）
Dual	0. 2102 （0. 1751）	0. 0460 （0. 0930）	0. 0581 （0. 0913）	0. 0598 （0. 0928）
Indep	0. 8202 （1. 0496）	2. 3334 *** （0. 7725）	1. 9690 *** （0. 7420）	2. 2881 *** （0. 7627）
InCon	0. 0901 （0. 3510）	0. 1013 （0. 1944）	0. 1048 （0. 1861）	0. 1039 （0. 1929）
InstOwn	2. 6114 *** （0. 5737）	2. 0153 *** （0. 4001）	2. 0021 *** （0. 3968）	1. 9499 *** （0. 3979）
HHI	− 2. 6907 ** （1. 1775）	− 1. 5430 ** （0. 7357）	− 1. 7759 ** （0. 7280）	− 1. 4304 ** （0. 7292）
企业固定效应	Yes	Yes	Yes	Yes
年份固定效应	Yes	Yes	Yes	Yes
N	7559	19770	19389	19996
Adj. R^2	0. 7696	0. 7091	0. 7215	0. 7096

注：括号中是经企业聚类稳健标准误调整的 t 值，***、** 和 * 分别表示 1%、5% 和 10% 的显著性水平。

4.5　拓展性分析

4.5.1　影响机制分析

1. 风险承担机制

董事高管责任保险在一定程度上保护了管理层的利益，避免其诉讼风险，可能会诱发管理层的冒险动机和风险偏好，鼓励其承担更多的风险性项目，从而提高企业战略激进度。参考余明桂等（2013）、李建军和韩珣（2019）的研究，采用盈利波动性（$Risk\ T$）来衡量企业的风险承担水平，Z 指数（$Risk\ Z$）来衡量企业的经营风险。其中，盈利波动性用模型（4-2）、模型（4-3）进行计算，首先用企业资产收益率减去年度行业均值得到调整后的企业资产收益率，然后以每三年为一个观测时段（T，$T-1$，$T-2$），计算企业在每一观测时段内经行业调整后的资产收益率的标准差，如果盈利波动性越大，说明企业会更加主动选择具有高风险性的项目。Z 指数的计算公式为：$Z=1.2\times$运营资金/总资产 $+1.4\times$留存收益/总资产 $+3.3\times$息税前利润/总资产 $+0.6\times$股票市值/股票账面价值 $+0.999\times$销售额/总资产，Z 指数越大，说明企业的经营风险越小。

$$AdjROA_{i,t} = \frac{EBIT_{i,t}}{Asset_{i,t}} - \frac{1}{X}\sum_{k=1}^{X}\frac{EBIT_{i,t}}{Asset_{i,t}} \qquad (4-2)$$

$$Risk\ T = \sqrt{\frac{1}{T-1}\sum_{i=1}^{T}\left(AdjROA_{i,t} - \frac{1}{T}\sum_{i=1}^{T}AdjROA_{i,t}\right)^2}\ \bigg|_{T=3} \qquad (4-3)$$

同时，通过检验是否在管理层风险规避意识相对较高的情景下董事高管责任保险更可能提高企业战略激进度，为董事高管责任保险增加风险承担水平进而提高企业战略激进度这一机制提供进一步依据。借鉴法西奥（M. Faccio et al.，2016）的研究，对于高管持股比较高的企业，管理层自身利益和企业经营业绩息息相关，因而会主动规避一些风险行为，投资决策趋于保守。与男性高管相比，女性高管的风险容忍度会相对较低，更可能采取稳健的投资决策

（R. Croson and U. Gneezy，2009）。相对于没有海归高管的企业，拥有海归高管的企业具有更强的风险承担意愿，倾向于实施更加激进的投资决策（宋建波等，2017）。因此，如果董事高管责任保险在风险偏好程度相对较低的企业中，更能够提高其战略激进度，说明该保险可以诱发管理者更多的风险行为。具体地，如果企业的高管持股比高于同年度同行业的中位数，男性高管占比低于同年度同行业的中位数，高管团队中没有一个人具有海外背景，则将其认定为风险偏好相对较低的企业，取值为1，否则取0。

　　回归结果如表4-9所示。第（1）列的被解释变量为盈利波动性，估计出 DOI 的回归系数显著为正，表明认购董事高管责任保险能够提高企业的风险承担水平，即在投资决策中管理者倾向于风险性项目。第（2）列的被解释变量为 Z 指数，DOI 的回归系数在10%水平上显著为负，说明购买董事高管责任保险会增加企业的经营风险。第（3）列至第（8）列给出了董事高管责任保险对管理层风险偏好不同的企业战略的异质性影响。其中，第（3）、第（4）列分别报告了按高管持股比高低进行分组的回归结果，在高管持股比较高的样本组中，DOI 的回归系数在1%水平上显著为正，而且高管持股比较高企业的解释变量回归系数（1.3731）绝对值大于高管持股比较低的企业（0.4469），说明对于高管持股比较高的企业，董事高管责任保险更能提升其战略激进度。第（5）列至第（8）列分别报告了男性高管占比和是否有海归高管的企业分组回归结果，在男性高管占比较低和非海归高管的样本组中，DOI 的回归系数均显著为正，而在男性高管占比较高和海归高管的样本组中，其回归系数并不显著，说明只有在风险规避意识更高的企业，购买董事高管责任保险会显著提高战略激进度。因此，在高管持股比较高、男性高管占比较低和没有海归高管的企业中，管理层原本的风险偏好程度较低，但董事高管责任保险可能通过助长管理层的冒险动机，促使其承担更多的风险性项目，进而提高企业战略激进度。以上结果支持了董事高管责任保险通过增加企业风险承担水平，从而提升战略激进度。

表 4-9　风险承担机制

变量	(1) 风险承担 RiskT	(2) 经营风险 RiskZ	(3) 高管持股比高 Strategy	(4) 高管持股比低 Strategy	(5) 男性高管占比高 Strategy	(6) 男性高管占比低 Strategy	(7) 海归高管 Strategy	(8) 非海归高管 Strategy
DOI	0.0737* (0.0399)	-0.1187* (0.0670)	1.3731*** (0.4429)	0.4469 (0.3179)	0.4520 (0.3276)	0.7916** (0.3777)	0.1119 (0.4007)	1.1672*** (0.3519)
Size	-0.0064*** (0.0012)	0.0055*** (0.0012)	0.8523*** (0.1375)	0.7413*** (0.1287)	0.7217*** (0.1360)	0.7751*** (0.1359)	1.3025*** (0.2084)	0.7441*** (0.1109)
Age	0.0132*** (0.0031)	-0.0135*** (0.0037)	-1.1099*** (0.3842)	-0.2603 (0.4777)	-0.4528 (0.4025)	-0.7886** (0.3522)	-0.6323 (0.5212)	-0.5107 (0.3231)
Lev	0.0057*** (0.0020)	-0.0660*** (0.0028)	0.9981*** (0.1784)	0.9769*** (0.1703)	1.2038*** (0.1976)	0.8780*** (0.1625)	0.6356*** (0.2347)	0.9625*** (0.1552)
Cash	0.0192*** (0.0026)	0.0499*** (0.0033)	-0.1815 (0.2077)	0.1203 (0.2322)	0.0134 (0.2396)	0.0867 (0.1889)	-0.6241* (0.2876)	0.1498 (0.1788)
ROE	-0.0856*** (0.0115)	0.0877*** (0.0077)	3.0493*** (0.5385)	4.1038*** (0.5145)	3.2318*** (0.5628)	3.7853*** (0.4925)	3.2481*** (0.8390)	3.9211*** (0.4370)
TobinQ	0.0021*** (0.0004)	0.0214*** (0.0008)	0.0798** (0.0353)	0.1536*** (0.0408)	0.1343*** (0.0404)	0.0910** (0.0406)	0.0485 (0.0625)	0.1252*** (0.0326)
SOE	-0.0040 (0.0031)	-0.0024 (0.0036)	0.2733 (0.3063)	-0.3439 (0.3093)	0.0372 (0.3187)	0.0614 (0.3368)	-0.2476 (0.3193)	0.0998 (0.2824)

续表

变量	(1) 风险承担 RiskT	(2) 经营风险 RiskZ	(3) 高管持股比高 Strategy	(4) 高管持股比低 Strategy	(5) 男性高管占比高 Strategy	(6) 男性高管占比低 Strategy	(7) 海归高管 Strategy	(8) 非海归高管 Strategy
Board	0.0042 (0.0035)	-0.0071* (0.0037)	1.1302*** (0.3732)	0.2270 (0.3892)	0.4547 (0.3434)	0.6506* (0.3824)	1.4503*** (0.3724)	0.3450 (0.3332)
Dual	-0.0004 (0.0011)	0.0007 (0.0013)	0.1039 (0.1138)	0.0498 (0.1264)	0.1606 (0.1380)	-0.0552 (0.1270)	0.0249 (0.1542)	0.0138 (0.1053)
Indep	0.0129 (0.0096)	-0.0180 (0.0112)	2.7399*** (0.9462)	1.1799 (0.9611)	2.6838*** (1.0262)	1.1593 (1.0600)	1.8862 (1.4181)	2.6830*** (0.8803)
InCon	-0.0260*** (0.0035)	0.0093*** (0.0030)	-0.0785 (0.2624)	0.3081 (0.2366)	0.0129 (0.2632)	-0.1890 (0.2602)	-0.5221 (0.3422)	0.1891 (0.2077)
InstOwn	0.0007 (0.0046)	-0.0077 (0.0058)	2.0930*** (0.5189)	2.2062*** (0.5923)	2.0258*** (0.5795)	1.9316*** (0.5083)	1.3785* (0.7146)	1.9553*** (0.4758)
HHI	-0.0007 (0.0065)	0.0295*** (0.0109)	-1.6065* (0.9393)	-2.8361*** (1.0663)	-1.2342 (1.0344)	-3.1902*** (1.0307)	-0.5641 (1.3959)	-1.6239* (0.8626)
企业固定效应	Yes	Yes	Yes	Yes	Yes	Yes	Yes	Yes
年份固定效应	Yes	Yes	Yes	Yes	Yes	Yes	Yes	Yes
N	18023	19928	10027	9674	9914	9654	3847	14872
Adj. R²	0.0607	0.1748	0.7754	0.6998	0.7288	0.7378	0.8073	0.7224

注：括号中是经企业聚类稳健标准误调整的 t 值，***、**和*分别表示 1%、5% 和 10% 的显著性水平。

2. 融资约束机制

董事高管责任保险通过将风险转移给保险公司，避免企业自身资产损失，可能会增加企业的外部信任水平，降低债务融资成本，缓解融资压力，进而提高企业战略激进度。借鉴哈德洛克和皮尔斯（C. Hadlock and J. Pierce，2010）、孟庆斌等（2019）的研究，采用 SA 指数（SA）和债务融资成本（COD）两个指标作为融资压力的代理变量。具体地，融资约束用 SA 指数的绝对值表示，侧重从企业长期经营特征衡量融资约束，SA 指数计算公式为：$-0.737 \times$总资产 $+0.043 \times$ 总资产 $2-0.040 \times$ 企业年龄，SA 指数的绝对值越大，说明企业的融资约束越严重。

债务融资成本采用利息支出除以期初和期末有息债务总额的平均值，侧重从企业现金流情况度量债务成本，债务融资成本越高，说明企业的融资压力越大。同时，通过检验不同融资压力下董事高管责任保险对企业战略的异质性影响，为董事高管责任保险缓解融资约束进而提高企业战略激进度这一机制提供进一步依据。参考洪怡恬（2014）的研究，相比于非国有企业，国有企业以政府信用作为担保工具，从而更能够获得更多的资金支持和政策补贴。与中小型企业相比，大型企业利用其声誉资本和自身实力更容易获得外部融资（王文甫等，2014）。相比于非集团企业，集团成员企业可以通过内部资金融通和外部成员企业提供担保的方式来缓解融资约束（王琨等，2014）。具体地，企业规模用营业收入的对数值来衡量，营业收入高于同年度同行业的中位数，则称为大型企业，否则为中小型企业；企业集团是通过上市公司的最终控制人是否属于同一经济主体进行判断，如果属于则称为集团化企业，否则为非集团化企业。如果企业是非国有、中小型和非集团化企业，则将其认定为融资压力较大的企业，取值为 1，否则取 0。

表 4 - 10 报告了回归结果。从第（1）列可以看出，DOI 的回归系数在 1% 水平上显著为负，说明董事高管责任保险可以一定程度上缓解企业融资约束。从第（2）列可以看出，DOI 的回归系数均显著为负，说明董事高管责任保险会降低企业的债务融资成本。以上结果支持了购买董事高管责任保险可以缓解企业融资约束，促使企业战略激进度提高。第（3）列至第（8）列给出

表 4 – 10

融资约束机制

变量	(1) 融资约束 SA	(2) 债务融资成本 COD	(3) 国有企业 Strategy	(4) 非国有企业 Strategy	(5) 大型企业 Strategy	(6) 中小型企业 Strategy	(7) 集团化企业 Strategy	(8) 非集团化企业 Strategy
DOI	-0.4890*** (0.1697)	-5.4415* (3.0313)	0.5586* (0.3084)	1.0781** (0.4936)	0.5774** (0.2656)	1.5828*** (0.3995)	0.5383* (0.2782)	1.5266** (0.7278)
Size	0.0326*** (0.0056)	-0.0547 (0.0806)	0.7407*** (0.1410)	0.7495*** (0.1400)	0.9737*** (0.1430)	0.8014*** (0.1477)	0.6659*** (0.1114)	0.8056*** (0.1862)
Age	0.0377*** (0.0122)	-1.0043*** (0.3395)	-0.0010 (0.4710)	-0.8802** (0.3999)	-0.9871** (0.3864)	-0.5741 (0.3884)	-0.3683 (0.3333)	-1.9379*** (0.5470)
Lev	-0.0182** (0.0093)	-0.9108*** (0.1306)	1.4361*** (0.1848)	0.9153*** (0.1857)	0.9998*** (0.1613)	0.8150*** (0.1785)	1.0933*** (0.1452)	0.8110*** (0.2751)
Cash	0.0153 (0.0153)	1.0213*** (0.2175)	0.0411 (0.2646)	0.0211 (0.1796)	-0.1893 (0.2241)	-0.0263 (0.2097)	0.1298 (0.1900)	-0.2465 (0.2784)
ROE	0.0858** (0.0366)	2.0712*** (0.4913)	4.3056*** (0.5902)	3.2748*** (0.4964)	4.2124*** (0.6559)	3.2046*** (0.4296)	3.7350*** (0.4454)	3.1661*** (0.6506)
TobinQ	-0.0182*** (0.0027)	0.0857** (0.0374)	0.1585*** (0.0452)	0.1214*** (0.0418)	0.0815 (0.0803)	0.1220*** (0.0306)	0.0911** (0.0363)	0.1480*** (0.0429)
SOE	-0.0038 (0.0113)	-0.1555 (0.1640)			-0.2286 (0.3328)	-0.2799 (0.2514)	0.0652 (0.2671)	-0.4111 (0.7288)
Board	0.0147 (0.0123)	0.7487** (0.3097)	0.4397 (0.3768)	0.5311 (0.3740)	0.3063 (0.3268)	0.1650 (0.3977)	0.5571* (0.3130)	0.9857** (0.4585)

续表

变量	(1) 融资约束 SA	(2) 债务融资成本 COD	(3) 国有企业 Strategy	(4) 非国有企业 Strategy	(5) 大型企业 Strategy	(6) 中小型企业 Strategy	(7) 集团化企业 Strategy	(8) 非集团化企业 Strategy
Dual	-0.0054 (0.0037)	0.0670 (0.1057)	-0.0991 (0.1618)	0.1554 (0.1114)	0.0277 (0.1279)	0.0401 (0.1135)	0.0023 (0.1075)	0.1695 (0.1601)
Indep	-0.0088 (0.0347)	1.2969 (0.8202)	2.7101 *** (0.9678)	1.8214 (1.1905)	1.6421 (1.0066)	1.9731 ** (1.0022)	2.2607 *** (0.8508)	2.9765 ** (1.1878)
InCon	0.0250 ** (0.0098)	-0.1203 (0.1397)	-0.0245 (0.2646)	0.0488 (0.2508)	-0.0527 (0.2535)	0.0656 (0.2411)	0.2359 (0.2153)	0.0027 (0.4003)
InstOwn	0.1320 *** (0.0203)	-0.5972 (0.5635)	1.8658 *** (0.5469)	1.7046 *** (0.5701)	1.9251 *** (0.5268)	1.7367 *** (0.6000)	2.1891 *** (0.4552)	1.0362 (0.6999)
HHI	0.0123 (0.0443)	-0.5118 (0.9509)	-0.7674 (1.1910)	-2.0736 ** (0.9185)	-0.0295 (1.1335)	-2.2196 ** (0.9370)	-1.4398 (0.9584)	-1.6554 (1.0806)
企业固定效应	Yes	Yes	Yes	Yes	Yes	Yes	Yes	Yes
年份固定效应	Yes	Yes	Yes	Yes	Yes	Yes	Yes	Yes
N	19996	18385	9791	10154	10032	9749	15417	4406
Adj. R^2	0.0380	0.0096	0.6882	0.7295	0.7600	0.7163	0.7026	0.7843

注：括号中是经企业聚类稳健标准误调整的 t 值，***，** 和 * 分别表示 1%，5% 和 10% 的显著性水平。

了董事高管责任保险对融资压力不同的企业战略的异质性影响。其中，第（3）、第（4）列是按所有权性质进行分组的回归结果，可以看出，DOI 的回归系数在融资压力较大的非国有企业中为 1.0781，在 5% 的水平上显著，而在融资压力较低的国有企业中，其回归系数为 0.5586，说明企业购买董事高管责任保险，对于非国有企业战略激进度的提升作用更为明显。同时，我们将企业规模和组织结构作为融资压力的代理变量，考察董事高管责任保险对企业战略的影响，回归结果见第（5）列至第（8）列，可以发现，董事高管责任保险对企业战略激进度的促进作用在中小型企业和非集团化企业更为显著。因此，董事高管责任保险对融资压力较大的企业战略激进度的影响更大。以上结果支持了董事高管责任保险通过缓解融资约束来提高企业战略激进程度。

4.5.2　机制效果分析

上文已经验证了董事高管责任保险能够提高战略激进度，但该保险的风险承担作用背后所诱发的是激励效应还是自利效应，还有待进一步考察。如果董事高管责任保险的激励效应发挥作用，则说明企业承担了更多高风险且净现值为正的项目，改善了管理者的外部监督机制，减缓了代理问题，进而企业具有正现金流效应，企业价值也会随之提升（Z. Chen et al., 2016）。反之，如果该保险的自利效应发挥作用，则说明企业进行了大量的非效率投资和不必要投资，管理者为最大化自身利益，以牺牲企业的长期发展为代价，实施更多机会主义行为，从而使企业的未来现金流和价值均出现下降。我们检验董事高管责任保险与未来经营绩效、企业价值之间的关系，如果该保险产生的激励效应有助于企业长远发展，则它应与未来的经营业绩和企业价值正相关；如果该保险产生的自利效应不利于企业可持续发展，则它应与未来的经营业绩和企业价值负相关。借鉴梁上坤等（2019）的研究，将总资产收益率（ROA）表示企业的经营业绩，使用经行业调整后的税前总利润占总资产的比重来衡量，收益率越高说明企业的业绩绩效越好。企业价值（$Value$）表示成长性，采用企业市场价值与负债账面价值之和占资产账面价值的比重来衡量，价值越高说明企业的成长性越好。

表 4 – 11 报告了回归结果。从第 (1)、第 (2) 列可以看出，DOI 对 $t+1$ 期总资产收益率（ROA_{t+1}）的影响不显著，但对 $t+2$ 期的总资产收益率（ROA_{t+2}）的回归系数在 5% 水平上显著为负，可见企业购买董事高管责任保险会造成企业未来总资产收益率的下降。第 (3)、第 (4) 列的结果显示，DOI 对 $t+1$ 期（$Value_{t+1}$）和 $t+2$ 期企业价值（$Value_{t+2}$）的影响均显著为负，说明认购董事高管责任保险会降低企业的长期价值创造，并且对于企业价值的负向影响会随时间而减弱。综上，董事高管责任保险虽然提升了战略激进度，但没有证据表明该保险激励更多的风险投资行为会促使企业获利，反而可能由此引发管理层的自利行为，加剧道德风险问题，不利于企业长远健康发展，具体表现为未来的经营业绩和企业价值均出现下降。

表 4 – 11　　　　　　　　　　　机制效果分析

变量	(1) ROA_{t+1}	(2) ROA_{t+2}	(3) $Value_{t+1}$	(4) $Value_{t+2}$
DOI	0. 0002 (0. 1140)	– 0. 2461 ** (0. 1219)	– 5. 4776 ** (2. 2329)	– 3. 7347 * (2. 0609)
$Size$	– 0. 0081 *** (0. 0027)	– 0. 0185 *** (0. 0028)	– 0. 9139 *** (0. 0494)	– 0. 6736 *** (0. 0476)
Age	– 0. 0177 ** (0. 0070)	– 0. 0197 ** (0. 0085)	0. 0140 (0. 1341)	– 0. 1645 (0. 1502)
Lev	0. 0235 *** (0. 0037)	0. 0214 *** (0. 0039)	0. 1077 (0. 0780)	0. 1469 ** (0. 0749)
$Cash$	0. 0076 * (0. 0046)	0. 0056 (0. 0053)	– 0. 0284 (0. 0956)	– 0. 0651 (0. 0870)
ROE			0. 5805 ** (0. 2898)	– 0. 4405 * (0. 2665)
$TobinQ$	0. 0043 *** (0. 0011)	– 0. 0008 (0. 0010)		
SOE	– 0. 0029 (0. 0065)	0. 0079 (0. 0059)	– 0. 0113 (0. 1271)	– 0. 0003 (0. 1397)

变量	(1)	(2)	(3)	(4)
	ROA_{t+1}	ROA_{t+2}	$Value_{t+1}$	$Value_{t+2}$
Board	-0.0008 (0.0082)	-0.0151* (0.0091)	-0.0651 (0.1569)	-0.1520 (0.1588)
Dual	-0.0017 (0.0026)	-0.0005 (0.0031)	-0.0266 (0.0500)	0.0423 (0.0534)
Indep	-0.0071 (0.0231)	-0.0349 (0.0242)	0.6583 (0.4497)	0.0234 (0.4219)
InCon	0.0080 (0.0068)	-0.0099 (0.0069)	-0.2627** (0.1125)	-0.1678 (0.1155)
InstOwn	0.0691*** (0.0109)	0.0480*** (0.0118)	1.5900*** (0.2008)	0.4191** (0.2045)
HHI	0.0025 (0.0187)	0.0152 (0.0218)	1.1863*** (0.3403)	1.1524*** (0.4082)
企业固定效应	Yes	Yes	Yes	Yes
年份固定效应	Yes	Yes	Yes	Yes
N	17758	15524	17758	15524
Adj. R^2	0.0473	0.0044	0.1811	0.1524

注：括号中是经企业聚类稳健标准误调整的 t 值，***、** 和 * 分别表示 1%、5% 和 10% 的显著性水平。

4.6 本章小结

企业购买董事高管责任保险是管理层的"自利工具"还是公司的"治理利器"，这是保险学和管理学所讨论的重要问题。本章从企业行为的整体层面分析，考察了董事高管责任保险对企业战略选择的影响及其作用机制。研究结果表明，企业购买董事高管责任保险后，战略激进度会显著提高，该结论在使用工具变量法控制内生性和倾向得分匹配法矫正样本选择偏差后仍然成立。从影响机制方面看，企业战略之所以趋于激进，是因为董事高管责任保险通过提高风险承担水平和缓解融资约束，增加了管理层风险性投资行为。从机制效果看，董事高管责任保险产生自利效应而非激励效应，会加剧管理层的道德风险问题，诱发更多的机会主义行为，进而作用于企业战略。

　　本章将保险理论和战略管理理论相结合，丰富了这两个领域的研究，同时发现购买董事高管责任保险背后是管理层自利动机的驱动，其表面上被认为是维护企业股东和管理层的共同利益，但实际上为管理层实施机会主义行为创造了充足的动机和条件，进而提高战略激进度，不利于企业的可持续发展。从结论中可以得到如下政策启示：第一，应加强内外监督机制，从股东、保险公司与政府机构三个方面监督管理层的行为决策，主动积极地防范董事高管责任保险所诱发的道德风险问题；第二，要完善对董事高管责任保险这一产品的认识和规范，要求保险公司对董事高管责任保险的设计需要适应中国国情，而不是照搬国外相关产品的条款，要求上市公司全面及时地披露董事高管责任保险的内容信息，尽可能避免管理层机会主义行为出现。

第 5 章　董事高管责任保险对企业金融化行为的影响分析

5.1　引言

伴随着宏观经济下行压力加大，实体经济发展的突出困难表现为两个方面。一方面，互联网经济的冲击、实体经济的用工成本上升以及税收负担较重，导致实体企业投资回报率不断下降，在逐利效应的驱使下，企业会倾向于投资回报率更高的金融资产，从而挤占了主营业务投资；另一方面，金融机构将资金投资于金融产品而没有用来缓解实体企业的融资约束，进一步制约了实体经济的可持续发展，最终产生企业"金融化"现象。实体企业的过度金融化行为不仅会造成微观企业偏离主营业务，抑制创新投入，引起未来业绩下滑、市场竞争力下降，而且会带来宏观经济的虚假繁荣，系统性金融风险提高，进而影响经济社会的稳定（杜勇等，2019）。为了保持企业的健康发展和经济的平稳运行，2017 年 7 月成立了国务院金融稳定发展委员会，始终坚持将"金融要把为实体经济服务作为出发点和落脚点"。2020 年 10 月，党的十九届五中全会中明确提出"坚持把发展经济着力点放在实体经济上"。这些要求表明国家对企业金融化问题的重视，主动寻求合适的改革政策去防范和化解经济"脱实向虚"的风险。

2008 年国际金融危机放缓了发达国家金融扩张的速度，但中国经济金融化趋势却日益加快。2011～2016 年，虚拟经济在国民经济中的比重提升了

2.8%，其中，金融业占比提高了 2.1%，实体经济主体部分占国民经济中的比重却下降了 7.4%，核心部分占比下降了约 2%（黄送钦，2018）。企业金融化具有双面性，一方面，实体企业投资金融资产的比例逐渐上升，金融回报率成为企业重要的盈利来源，造成投资主营业务的意愿和空间都在进一步压缩，可能引发制造业空心化问题，加剧资本市场的不确定性风险（张成思和张步昙，2016）；另一方面，实体企业配置金融资产可以增加资产流动性，减轻资金压力，缓解企业投资的剧烈波动，利用金融收益来扶持主营业务发展（J. Brown and B. Petersen，2011）。为了更好地把握企业金融化的尺度，抑制经济"脱实向虚"倾向，本章探究实体企业金融化行为的驱动因素是必要的。

总体而言，关于企业金融化影响因素的现有研究可以归结为两大类：一是在外部环境方面，经济政策不确定性对企业金融化产生抑制作用（彭俞超等，2018），也会受到产业政策、资本市场波动等影响（步晓宁等，2020；杜勇和邓旭，2020）；二是在内部特征方面，有文献从公司治理出发，短期机构投资者会造成管理层短视问题，从而推动实体企业金融化（刘伟和曹瑜强，2018）；内部控制质量越高，企业金融化投资越少（王瑶和黄贤环，2020）。也有文献从高管团队分析，管理层过度自信会加深企业金融化程度（闫海洲和陈百助，2018）；CEO 的金融背景对企业金融化具有正向促进作用（杜勇等，2019b）。企业自身不可能改变外部环境，因此本章从企业内部切入，探究金融化的影响因素，是否购买董事高管责任保险是管理层内部决策的结果，该保险作为管理者最为纯粹的避险工具，可能加剧机会主义行为，诱发企业以套利为目的增加金融资产配置；也可能发挥监督职能，促使企业为防御性储蓄而产生的金融化动机下降，因而研究董事高管责任保险有助于更好地理解企业金融化的动因。

本章关注的重点问题是：董事高管责任保险的购买能否对企业金融化行为产生影响、会产生怎样的影响。董事高管责任保险降低了管理者的执业风险，激发了风险投资的积极性，而金融投资的短期回报率远高于实体投资，会影响管理者的投资决策，进而可能引起购买董事高管责任保险的企业与其他企业在金融资产配置方面的差异性。为此，本章利用 2007～2018 年中国 A 股非金融类上市公司的数据，研究发现董事高管责任保险能够显著提高企业金融化水平。在考虑内生性问题、改变变量度量方式后，研究结论依然成立。进一步地，董事高管责任保险的"金融化效应"仅在融资约束程度较高和外部监管力度较弱的企业中存在，从而证实了企业进行金融资产配置更多的是出于"投资替代"动机，而非"蓄水池"动机。

本章的研究贡献主要体现在以下两个方面。第一，从企业金融化的视角切入，为董事高管责任保险的机会主义假说提供了新的经验证据。现有文献关于董事高管责任保险存在外部监督和机会主义两种对立假说，国内外学者进行了广泛的研究。外部监督假说认为保险公司能够发挥外部监督作用，约束管理层自利行为，保护中小投资者的权益（N. O. Sullivan，1997）；而机会主义假说认为董事高管责任保险降低了管理者的诉讼成本和法律的威慑效应，诱发管理层更多的机会主义行为（J. Chalmers et al.，2002）。但现有文献鲜少将金融资产投资与董事高管责任保险的机会主义纳入统一分析框架进行检验。第二，为识别企业金融化动机提供独特视角，现有文献大多从外部环境、财务状况、高管特征等方面考察金融化的驱动因素，而本章从董事高管责任保险这一角度出发，进一步证实了企业金融化更多的是出于"投资替代"动机。因此，政府相关部门加强监管以防范和化解金融风险显得尤为必要。

本章余下部分的安排如下：第二部分是研究假设，第三部分是研究设计，第四部分是实证结果分析，第五部分是动机识别检验，最后是本章小结。

5.2 研究假设

金融化表现为企业运用货币资金配置一定的金融资产，属于一种投资行为。关于董事高管责任保险是否影响企业金融资产配置、会产生怎样的影响，董事高管责任保险主要形成了两种假说。一种是外部监督假说，保险机构能够扮演外部监督者角色，在董事高管责任保险购买前会对企业治理情况和管理者行为进行审查，有助于管理者约束自身行为（J. Core，2000），在出险后，保险机构仍对管理者行为具有监督作用（N. O. Sullivan，1997）。袁蓉丽等（2016）研究发现，通过董事高管责任保险的监督作用可以减少管理者隐瞒坏消息的可能性，导致股价崩盘风险下降。李从刚和许荣（2020）研究认为，董事高管责任保险能够发挥监督职能，从而降低企业违规倾向，增加违规后被稽查的概率。

另一种是机会主义假说，基于信息不对称理论和委托代理理论，企业投资者和管理者的利益不完全一致，在投资者信息处于劣势、不能对管理者进行完全监督时，管理者有动机为了自身利益，做出有损于投资者利益的行为。董事高管责任保险可以规避管理者面临的诉讼风险和个人财务损失风险，导致其没有后顾之忧而可能诱发道德风险问题和机会主义行为，破坏公司治理机制，由此损害股东利益和企业的长远发展（H. Chung and J. Wynn，2008）。购买董事高管责任保险会造成管理层的道德风险问题，进而降低企业的投资效率（Li and Liao，2014）。董事高管责任保险保护管理层的个人资产免受诉讼风险，诱发其更愿意从事机会主义行为，从而增加审计工作量和审计费用（H. Chung et al.，2015）。贾宁和唐雪松（2018）认为董事高管责任保险将道德风险引入公司治理机制中，通过鼓励独立董事不勤奋或不负责的行为，降低了独立董事在内部治理中的作用。

如果董事高管责任保险的外部监督效应发挥作用，保险公司积极履行外部监督职能、持续关注企业的经营管理，那么将降低代理成本，提升公司治理能力，将潜在的风险提前发现并及时解决。董事高管责任保险能够激发管理层风险投资的积极性，在监督效应的作用下，约束了管理层的自利行为，减少了企业对短期收益高的金融资产投资，而管理层更可能选择投资风险性高但最具价值的项目，以提升企业价值，实现其长效发展。此外，金融资产具有高风险的特征，包括利率风险、市场风险等，并且此类风险的传染性强，实体企业金融化后企业本身的风险也会随之增加（王瑶和黄贤环，2020），保险公司为了降低自身的风险和成本，会加强对投保企业风险状况的监督。如果董事高管责任保险的机会主义效应发挥作用，董事高管责任保险降低了管理层违规成本，规避了法律的惩戒作用，管理者更可能为了谋取自身利益和减轻业绩考核压力，实施更多的机会主义行为，配置更多高收益的金融资产，至少在短期内可以改善企业业绩，获得更多的投资回报。据此，本章提出以下假设。

假设 5 - 1a：董事高管责任保险会降低企业金融化程度。

假说 5 - 1b：董事高管责任保险会提高企业金融化程度。

关于企业金融化的动机主要存在两种观点。一类观点认为，企业金融资产投资的动机是预防性储蓄，目的是缓解企业的融资约束，即企业在资金充裕的条件下会配置金融资产，在资金紧张的条件下会卖出金融资产，从而起到了"蓄水池"功能，但并没有减少经营资产投资。胡奕明等（2017）发现企业金融化水平负向影响 GDP 周期变量和股票指数增长率，正向影响广义货币 M2 周期变量和法定准备金率，说明企业配置金融资产主要出于"蓄水池"动机。刘贯春（2017）研究认为，金融资产持有份额能够提升未来时期的企业研发创新，且"蓄水池"动机占主导。黄送钦（2018）研究发现，企业金融资产配置可以抑制过度投资行为，提高实物资本投资效率，存在"蓄水池"效应。另一类观点认为，相比于实体经济投资，管理层为了追逐金融资产的短期高额回报率，会增加金融资产配置，从而挤占主营业务投资。因此，企业金融化是以市场逐利为主的"投资替代"动机，而非预防性储蓄的"蓄水池"动机。王红建等（2017）基于我国金融资产超额回报的事实，认为实体企业金融化的逐利动机会降低企业创新水平。杜勇等（2017）研究发现，企业金融化对未来主业业绩产生负面影响，支持了"投资替代"效应占主导。孟庆斌和侯粲然（2020）从企业社会责任视角，指出企业金融化主要是为了获取金融超额收益，而不是用于服务实体经济的储蓄资金。

如果企业金融化过程中"蓄水池"动机占主导，董事高管责任保险能够代替管理者为利益受损的投资者提供补充赔偿，一定程度上保障了企业自身的资产安全，增加外部投资者对企业的乐观态度，提高企业的外部信用水平，缓解企业的融资约束问题，从而抑制了企业需要通过金融化行为进行预防性储蓄的动机，使企业金融资产投资下降。然而，如果企业金融化过程中"投资替代"动机占主导，董事高管责任保险缓解融资约束所获得的资本会被管理层不断投入到预期回报率更高的金融行业，金融资产投资持续上升。据此，本章提出以下假设。

假设 5 - 2a：如果企业金融化主要是出于"蓄水池"动机，董事高管责任保险会降低金融化程度。

假设 5 - 2b：如果企业金融化主要是出于"投资替代"动机，董事高管责任保险会提高金融化程度。

5.3　研究设计

5.3.1　样本选择与数据来源

本章采用 2007 ~ 2018 年中国 A 股上市公司数据，为了使数据更具有代表性，对样本进行了如下筛选：（1）剔除金融类上市公司样本；（2）剔除变量缺失的样本；（3）对所有连续变量在 1% 和 99% 的水平上进行 Winsorize 缩尾处理。最终得到 21457 个公司—年度观测值。董事高管责任保险数据是依据 Wind 数据库中董事会公告和 CSMAR 数据库中股东大会决议内容中以"董事高管责任保险""董责险""责任保险"等关键词进行检索，然后手工分析整理得到，如果公告中没有明确停止购买，则假定以后年度继续购买。其他数据均来自 Wind 数据库和 CSMAR 数据库。

5.3.2　模型设计与变量定义

为了考察董事高管责任保险对企业金融化的影响，本章采用多元回归模型，具体设定如下：

$$Fin_{i,t} = \beta_0 + \beta_1 DOI_{i,t-1} + \beta_2 Control_{i,t-1} + Firm_i + Year_t + \varepsilon_{it} \qquad (5-1)$$

其中，被解释变量 $Fin_{i,t}$ 表示企业 i 在 t 年的金融化程度，$DOI_{i,t-1}$ 表示企业 i 在 $t-1$ 年是否购买了董事高管责任保险，$Control_{i,t-1}$ 是从企业特征和治理状况等角度选取一些控制变量。$Firm_i$ 和 $Year_t$ 分别表示企业固定效应和年份固定效应，ε_{it} 表示随机扰动项。为了缓解可能的内生性问题，模型将解释变量和控制变量均滞后一期。同时，为了减轻可能存在的序列相关问题，本章将所有回归模型的标准误 Cluster 聚类到企业层面。在回归方法上，参考李林木和汪冲（2017）的做法，使用工具变量的两阶段最小二乘法进行估计，以保证存在内生性时的一致性估计。模型（5-1）中变量的度量方法如下。

1. 被解释变量

参考戴泽伟和潘松剑（2019）、顾雷雷等（2020）的研究，使用金融资产占总资产的比例来衡量企业金融化水平（*Fin*）。其中对金融资产有两种定义，一是在广义上包括交易性金融资产、衍生金融资产、其他应收款、可供出售金融资产、发放贷款及垫款、买入返售金融资产、一年内到期的非流动资产、持有至到期投资、长期股权投资、投资性房地产、其他流动资产、其他非流动资产12个科目；二是在狭义上包括交易性金融资产、衍生金融资产、发放贷款及垫款、可供出售金融资产、持有至到期投资、投资性房地产等6个科目。具体地，*Fin*1表示广义资金资产与总资产的比值，*Fin*2表示狭义金融资产与总资产的比值。

2. 解释变量

参考袁蓉丽等（2016）、贾宁等（2019）的做法，董事高管责任保险（*DOI*）用虚拟变量进行衡量，如果企业本年度购买了董事高管责任保险，则取值为1，否则取0。

3. 控制变量

借鉴杜勇等（2017）、杜勇和邓旭（2020）的研究，选取如下控制变量：企业规模（*Size*）使用年末总资产的自然对数来衡量，企业年龄（*Age*），等于企业成立年限加1的自然对数；资产负债率（*Lev*），等于年末总负债与年末总资产的比值；总资产收益率（*ROA*），等于净利润与资产总额的比值；现金流比（*Cash*），等于经营活动的现金流量净额与年末总资产的比值；无形资产比（*Intang*），等于无形资产净额与年末总资产的比值；成长性（*Growth*），等于企业营业收入的增长率；产权性质（*SOE*），如果实际控制人为国企，则取值为1，否则取0；股权集中度（*First*），等于第一大股东持股数与总股数的比值；董事会规模（*Board*），等于董事会人数的自然对数；二职合一（*Dual*），如果董事长和总经理为同一人，则取值为1，否则取0；机构持股比（*Inst*），等于机构持股数与总股数的比值；产品市场竞争（*HHI*），企业营业收入占行业总收入的平方和。

5.4　实证结果分析

5.4.1　描述性统计与相关性分析

表 5 - 1 列出了主要变量的描述性统计结果。由表 5 - 1 可知，$Fin1$ 的均值为 0.0688，标准差为 0.1026，最小值为 0，最大值为 0.5564，$Fin2$ 的均值为 0.0300，标准差为 0.0611，最小值为 0，最大值为 0.3579，说明样本中存在没有配置金融资产的企业，也存在大量配置金融资产的企业，且不同企业间的金融化水平存在较大差异。DOI 的均值为 0.0542，说明购买董事高管责任保险的企业约占总样本的 5.42%。其他控制变量的结果与现有研究基本一致，这里不再赘述。

表 5 - 1　　　　　　　　　　描述性统计

变量	观测值	均值	标准差	最小值	最大值
$Fin1$	21457	0.0688	0.1026	0.0000	0.5564
$Fin2$	21457	0.0300	0.0611	0.0000	0.3579
DOI	21457	0.0542	0.2263	0.0000	1.0000
$Size$	21457	21.9178	1.2655	19.1103	25.7824
Age	21457	2.6792	0.3924	1.3863	3.3673
Lev	21457	0.4494	0.2179	0.0462	1.0496
ROA	21457	0.0362	0.0591	- 0.2266	0.2100
$Cash$	21457	0.0450	0.0726	- 0.1788	0.2552
$Intang$	21457	0.0494	0.0542	0.0000	0.3298
$Growth$	21457	0.3086	0.8242	- 0.6925	5.7912
SOE	21457	0.4630	0.4986	0.0000	1.0000
$First$	21457	0.3492	0.1488	0.0876	0.7445
$Board$	21457	2.9281	0.1911	2.4849	3.4340

变量	观测值	均值	标准差	最小值	最大值
Dual	21457	0.2258	0.4181	0.0000	1.0000
Inst	21457	2.9281	0.1911	2.4849	3.4340
HHI	21457	0.0668	0.0771	0.0000	0.3621

表 5 – 2 报告了主要变量的 Pearson 相关系数。从表 5 – 2 可以看出，衡量企业金融化程度的两个指标 *Fin*1 和 *Fin*2 的 Pearson 系数在 1% 的水平上显著为正，表明这两个指标的选取较为合理。董事高管责任保险（*DOI*）与 *Fin*1、*Fin*2 的 Pearson 系数均显著为正，显著水平分别是 1% 和 5%，初步表明，在不考虑其他影响因素的条件下，购买董事高管责任保险的企业，其进行金融化投资的动机越强，但严谨的证明需要通过控制其他变量的多元回归分析得出。同时，各个解释变量的相关系数均低于 0.39，方差膨胀因子（VIF）的均值为 1.22，最大值为 1.53，远小于临界值 10，一定程度上说明变量之间不存在严重的多重共线性。

表 5 – 2　　　　　　　　　　主要变量的 Pearson 相关系数

变量	*Fin*1	*Fin*2	*DOI*	*Size*	*Age*	*Lev*	*ROA*	*Cash*
*Fin*1	1.000							
*Fin*2	0.712 ***	1.000						
DOI	0.018 ***	0.015 **	1.000					
Size	0.029 ***	– 0.002	0.199 ***	1.000				
Age	0.186 ***	0.173 ***	0.102 ***	0.176 ***	1.000			
Lev	– 0.026 ***	– 0.026 ***	0.111 ***	0.331 ***	0.183 ***	1.000		
ROA	– 0.025 ***	– 0.029 ***	– 0.042 ***	0.029 ***	– 0.133 ***	– 0.392 ***	1.000	
Cash	– 0.038 ***	– 0.030 ***	0.018 ***	0.073 ***	– 0.016 **	– 0.113 ***	0.348 ***	1.000
Intang	– 0.067 ***	– 0.052 ***	0.052 ***	– 0.018 ***	0.058 ***	0.058 ***	– 0.075 ***	0.053 ***
Growth	0.003	0.005	– 0.028 ***	– 0.049 ***	0.036 ***	0.011 *	0.014 **	– 0.080 ***
SOE	0.080 ***	0.018 ***	0.138 ***	0.313 ***	0.145 ***	0.291 ***	– 0.118 ***	0.062 ***

续表

变量	Fin1	Fin2	DOI	Size	Age	Lev	ROA	Cash
First	− 0. 077 ***	− 0. 079 ***	0. 034 ***	0. 225 ***	− 0. 187 ***	0. 016 **	0. 122 ***	0. 110 ***
Board	− 0. 055 ***	− 0. 074 ***	0. 081 ***	0. 388 ***	− 0. 008	0. 204 ***	0. 029 ***	0. 063 ***
Dual	− 0. 062 ***	− 0. 024 ***	− 0. 063 ***	− 0. 147 ***	− 0. 088 ***	− 0. 148 ***	0. 055 ***	− 0. 041 ***
Inst	− 0. 050 ***	− 0. 042 ***	− 0. 002	0. 189 ***	0. 024 ***	− 0. 016 **	0. 246 ***	0. 139 ***
HHI	0. 031 ***	0. 020 ***	0. 013 *	0. 006	− 0. 069 ***	− 0. 045 ***	0. 080 ***	0. 080 ***

变量	Intang	Growth	SOE	First	Board	Dual	Inst	HHI
Intang	1. 000							
Growth	0. 017 **	1. 000						
SOE	0. 039 ***	− 0. 031 ***	1. 000					
First	− 0. 012 *	− 0. 028 ***	0. 215 ***	1. 000				
Board	0. 014 **	− 0. 044 ***	0. 354 ***	0. 060 ***	1. 000			
Dual	− 0. 031 ***	0. 012 *	− 0. 293 ***	− 0. 055 ***	− 0. 154 ***	1. 000		
Inst	− 0. 039 ***	0. 019 ***	0. 003	− 0. 094 ***	0. 096 ***	0. 001	1. 000	
HHI	0. 065 ***	0. 112 ***	0. 059 ***	0. 035 ***	0. 073 ***	− 0. 017 **	0. 035 ***	1. 000

注：***、**和*分别表示1%、5%和10%的显著性水平。

5.4.2　基准回归结果分析

表 5 - 3 报告了董事高管责任保险对企业金融化的影响。考虑到董事高管责任保险的内生性问题，将其作为内生变量，本章选取行业平均参保率和独立董事的海外工作经历作为 DOI 的工具变量（C. Lin et al.，2011b；袁丽蓉等，2018），原因在于同行业企业往往面临着相似的人才竞争和诉讼风险，同行业其他企业购买董事高管责任保险行为可能会影响本企业的购买决策，但不太可能直接影响到本企业的金融化投资。而拥有海外工作经历的独立董事更了解董事高管责任保险的市场机制，更倾向于利用董事高管责任保险来转移自身的执业风险，因此可以预期海外工作经历的独立董事占比越高，企业购买董事高管责任保险的概率越大。但是拥有海外工作经历的独立董事不太可能直接影响企业的金融资产配置行为。从变量检验结果上看，工具变量通过了不可识别检验

（Kleibergen – Paap rk LM 统计量）、弱工具变量检验（Cragg – Donald Wald F 统计量）和过度识别检验（Hansen J 统计量），因此选取的工具变量是有效的且满足相关性。

表 5 – 3 中被解释变量为企业金融化水平（*Fin*1 和 *Fin*2），第（1）、第（4）列的结果显示，*DOI* 的回归系数均显著为正，说明购买董事高管责任保险与企业金融化水平之间存在正相关关系。此外，我们进一步控制了企业规模、企业年龄、资产负债率等特征变量和股权集中度、机构投资者持股比、二职合一等治理变量，结果见第（2）、第（3）、第（5）、第（6）列，*DOI* 的回归系数没有发生显著性变化，且在 5% 的水平上显著为正，说明企业认购董事高管责任保险与配置金融资产之间呈显著正相关关系，即购买董事高管责任保险的企业金融化投资行为更多。表 5 – 3 的回归结果支持了假设 5 – 1b 和假设 5 – 2b。

表 5 – 3　　　　　　董事高管责任保险与企业金融化：基准回归

变量	(1)	(2)	(3)	(4)	(5)	(6)
	*Fin*1	*Fin*1	*Fin*1	*Fin*2	*Fin*2	*Fin*2
DOI	0.1809 * (0.1005)	0.2495 ** (0.1057)	0.2721 ** (0.1095)	0.1186 * (0.0702)	0.1522 ** (0.0731)	0.1641 ** (0.0755)
Size		-0.0068 *** (0.0022)	-0.0053 ** (0.0022)		-0.0040 *** (0.0014)	-0.0032 ** (0.0014)
Age		0.0803 *** (0.0133)	0.0750 *** (0.0134)		0.0327 *** (0.0086)	0.0298 *** (0.0086)
Lev		-0.0100 (0.0086)	-0.0125 (0.0086)		-0.0090 (0.0055)	-0.0103 * (0.0055)
ROA		-0.0490 ** (0.0191)	-0.0400 ** (0.0191)		-0.0209 ** (0.0105)	-0.0156 (0.0105)
Cash		0.0122 (0.0102)	0.0145 (0.0102)		-0.0023 (0.0065)	-0.0009 (0.0064)
Intang		-0.1312 *** (0.0279)	-0.1324 *** (0.0284)		-0.0674 *** (0.0176)	-0.0682 *** (0.0179)
Growth		-0.0004 (0.0009)	-0.0002 (0.0009)		-0.0004 (0.0005)	-0.0003 (0.0006)

续表

变量	（1）Fin1	（2）Fin1	（3）Fin1	（4）Fin2	（5）Fin2	（6）Fin2
SOE		− 0. 0047 (0. 0072)	− 0. 0049 (0. 0073)		− 0. 0009 (0. 0049)	− 0. 0010 (0. 0050)
First			− 0. 0453 *** (0. 0169)			− 0. 0244 ** (0. 0112)
Board			− 0. 0126 (0. 0082)			− 0. 0069 (0. 0058)
Dual			− 0. 0026 (0. 0027)			− 0. 0016 (0. 0019)
Inst			− 0. 0292 ** (0. 0117)			− 0. 0186 ** (0. 0080)
HHI			− 0. 0456 ** (0. 0212)			− 0. 0251 * (0. 0130)
企业固定效应	Yes	Yes	Yes	Yes	Yes	Yes
年份固定效应	Yes	Yes	Yes	Yes	Yes	Yes
Kleibergen – Paap rk LM 统计量	25. 510 ***	24. 673 ***	23. 815 ***	25. 510 ***	24. 673 ***	23. 815 ***
Cragg – Donald Wald F 统计量	60. 840	59. 209	57. 240	60. 840	59. 209	57. 240
Hansen J 统计量	0. 263	0. 424	0. 769	0. 947	1. 209	1. 624
N	21457	21457	21457	21457	21457	21457
R^2	0. 0010	0. 0131	0. 0124	0. 0021	0. 0083	0. 0080

注：括号中是经企业聚类稳健标准误调整的 t 值，*** 、 ** 和 * 分别表示 1% 、5% 和 10% 的显著性水平。

在控制变量方面，Size 的回归系数显著为负，这意味着企业规模对企业金融化行为产生约束作用。Age 与企业金融化之间显著的正相关关系，说明企业年龄越大，则金融资产投资规模也会越大。Intang 的回归系数显著为负，表明企业无形资产投资越多，其金融资产配置的水平会越低。First 和 Inst 的回归系数均显著为负，这意味着股权集中度和机构持股能抑制企业金融资产投资。

HHI 与企业金融化之间具有显著的负相关关系，说明企业的市场竞争程度越激烈，企业金融资产配置比例会越高。

5.4.3 稳健性检验

1. 倾向得分匹配

样本中只有 5.42% 的企业购买了董事高管责任保险，这可能会因为样本选择偏差而影响回归结果。为了缓解这一问题，我们从企业规模（*Size*）、企业年龄（*Age*）、资产负债率（*Lev*）、总资产收益率（*ROA*）、现金流（*Cash*）、无形资产比（*Intang*）、成长性（*Growth*）、产权性质（*SOE*）、股权集中度（*First*）、董事会规模（*Board*）、二职合一（*Dual*）、机构持股比（*Inst*）等角度选取了和董事高管责任保险购买与否相关的变量进行倾向得分匹配，然后采用匹配后结果重新回归。结果如表 5-4 第（1）、第（2）列所示，可以看出 *DOI* 对企业金融化水平的回归系数仍显著为正，表明本章的研究结果较为稳健。

2. Heckman 两阶段回归

企业间存在某些共同特征可能是其选择购买董事高管责任保险的一个重要原因，从而造成样本选择偏差问题。即企业金融资产投资活动可能是其他因素所驱动的，而不是董事高管责任保险所引起的。为了避免这一内生性问题，我们采用 Heckman 两阶段回归方法进行检验。在第一阶段，构建 Probit 模型来考察企业的特征变量和治理变量与是否购买董事高管责任保险之间的相关性，具体模型如下：

$$DOI_{i,t} = \alpha_0 + \theta Controls_{i,t} + \mu_{i,t} \qquad (5-2)$$

其中，$Controls_{i,t}$ 为企业层面的变量集合，包括企业规模（*Size*）、企业年龄（*Age*）、资产负债率（*Lev*）、总资产收益率（*ROA*）、现金流（*Cash*）、无形资产比（*Intang*）、成长性（*Growth*）、产权性质（*SOE*）、股权集中度（*First*）、董事会规模（*Board*）、二职合一（*Dual*）、机构持股比（*Inst*）以及是否交叉持股（*BH*）。在模型（5.2）的基础上，计算出逆米尔斯比（*IMR*）。并将 *IMR* 代入模型（5-1）重新回归。第二阶段的回归结果见表 5-4 第（3）、第（4）

列。其中，*IMR* 对企业金融化的回归系数均在 1% 的水平上显著，表明董事高管责任保险的样本选择偏差确实存在，考虑这一内生性问题是非常必要的。*DOI* 对企业金融化的回归系数仍显著为正，说明董事高管责任保险会提高企业金融资产配置水平，与基准回归结果保持一致。

表 5－4　　　　　　　　　　PSM 检验和 Heckman 两阶段回归

变量	PSM		Heckman	
	（1）	（2）	（3）	（4）
	*Fin*1	*Fin*2	*Fin*1	*Fin*2
DOI	0. 2619 * （0. 1581）	0. 1812 * （0. 1088）	0. 3687 ** （0. 1512）	0. 2267 ** （0. 1022）
IMR			− 1. 1918 *** （0. 4206）	− 0. 8122 *** （0. 2795）
Size	− 0. 0022 （0. 0055）	0. 0020 （0. 0046）	− 0. 1653 *** （0. 0562）	− 0. 1122 *** （0. 0374）
Age	− 0. 0078 （0. 0436）	0. 0035 （0. 0278）	− 0. 4196 ** （0. 1712）	− 0. 3073 *** （0. 1144）
Lev	0. 0028 （0. 0320）	0. 0041 （0. 0230）	− 0. 3836 *** （0. 1324）	− 0. 2632 *** （0. 0878）
ROA	− 0. 0151 （0. 0418）	− 0. 0180 （0. 0293）	0. 7286 *** （0. 2704）	0. 5083 *** （0. 1805）
Cash	− 0. 0353 （0. 0343）	− 0. 0233 （0. 0271）	− 0. 2504 *** （0. 0948）	− 0. 1814 *** （0. 0629）
Intang	− 0. 0362 （0. 0726）	− 0. 0427 （0. 0450）	− 1. 3468 *** （0. 4373）	− 0. 8955 *** （0. 2916）
Growth	− 0. 0002 （0. 0029）	0. 0009 （0. 0022）	0. 0383 *** （0. 0137）	0. 0259 *** （0. 0091）
SOE	− 0. 0035 （0. 0191）	− 0. 0026 （0. 0148）	− 0. 2951 *** （0. 1038）	− 0. 1988 *** （0. 0690）
First	− 0. 1142 * （0. 0688）	− 0. 0369 （0. 0483）	0. 0632 * （0. 0364）	0. 0497 ** （0. 0236）

续表

变量	PSM		Heckman	
	(1)	(2)	(3)	(4)
	*Fin*1	*Fin*2	*Fin*1	*Fin*2
Board	− 0.0351 * (0.0201)	− 0.0219 (0.0134)	0.1596 *** (0.0619)	0.1104 *** (0.0412)
Dual	0.0116 (0.0082)	0.0051 (0.0042)	0.1271 *** (0.0462)	0.0868 *** (0.0306)
Inst	− 0.0799 *** (0.0306)	− 0.0375 (0.0239)	− 0.0284 ** (0.0129)	− 0.0181 ** (0.0087)
HHI	− 0.0963 ** (0.0470)	− 0.0702 ** (0.0342)	− 0.2561 *** (0.0769)	− 0.1686 *** (0.0516)
企业固定效应	Yes	Yes	Yes	Yes
年份固定效应	Yes	Yes	Yes	Yes
Kleibergen – Paap rk LM 统计量	7.622 **	7.622 **	14.982 ***	14.982 ***
Cragg – Donald Wald F 统计量	7.705	7.705	34.764	34.764
Hansen J 统计量	0.083	0.273	1.340	2.377
N	2539	2539	21457	21457

注：括号中是经企业聚类稳健标准误调整的 t 值，***、** 和 * 分别表示1%、5%和10%的显著性水平。

3. 替换被解释变量

参考刘姝雯等（2019）、杜勇等（2019a）的做法，替换企业金融化指标进行重新检验。一是采用是否配置金融资产这一虚拟变量（*FinDum*）来衡量企业金融化，如果配置则取值为1，否则取0；二是使用金融资产总规模的自然对数（*LnFin*）来表示企业金融化。回归结果见表5 – 5第（1）、第（2）列，*DOI* 的回归系数仍然显著为正，这一结果表明，替换被解释变量的度量方式不改变本章的主要结果。

4. 控制高阶固定效应

借鉴杜勇等（2019b）的研究，考虑各地各年度出台的宏观政策因素可能会对企业投资决策和投资环境产生影响，因此在基准回归的基础上，控制了省份－年份联合固定效应，为了进一步消减宏观因素对研究结论的影响。表 5－5 第（3）、第（4）列报告了重新回归的结果，*DOI* 的回归系数在 5% 的水平上显著为正，这表明在控制高阶固定效应后，结论依然成立。

表 5－5　　　　　　　　　　　替换被解释变量和控制高阶固定效应

变量	(1)	(2)	(3)	(4)
	FinDum	*LnFin*	*Fin1*	*Fin2*
DOI	0.4173 ** (0.1921)	10.6752 * (6.0395)	0.2709 ** (0.1165)	0.1938 ** (0.0827)
Size	0.7707 *** (0.0471)	1.5321 *** (0.1268)	−0.0057 *** (0.0022)	−0.0031 ** (0.0014)
Age	0.9142 *** (0.1704)	7.5937 *** (0.8080)	0.0731 *** (0.0143)	0.0321 *** (0.0094)
Lev	−0.6106 *** (0.2093)	0.4339 (0.4991)	−0.0124 (0.0085)	−0.0110 * (0.0056)
ROA	0.2223 (0.5894)	0.1042 (0.9196)	−0.0377 ** (0.0188)	−0.0129 (0.0107)
Cash	−0.3158 (0.4100)	1.0552 * (0.6034)	0.0113 (0.0102)	−0.0032 (0.0064)
Intang	0.1806 (0.7182)	−1.5227 (1.7573)	−0.1226 *** (0.0276)	−0.0622 *** (0.0179)
Growth	−0.0942 ** (0.0378)	−0.0335 (0.0558)	−0.0004 (0.0009)	−0.0003 (0.0006)
SOE	−0.3551 *** (0.1192)	−0.4376 (0.3798)	−0.0037 (0.0071)	−0.0018 (0.0048)
First	−0.1830 (0.3235)	−2.3461 *** (0.8980)	−0.0447 *** (0.0173)	−0.0257 ** (0.0118)
Board	−0.4956 ** (0.2251)	0.0483 (0.4413)	−0.0118 (0.0082)	−0.0061 (0.0061)
Dual	−0.0850 (0.0829)	−0.1112 (0.1672)	−0.0021 (0.0026)	−0.0015 (0.0019)

变量	(1) FinDum	(2) LnFin	(3) Fin1	(4) Fin2
Inst	-0.8051 * (0.4127)	1.4358 ** (0.6721)	-0.0326 *** (0.0117)	-0.0220 *** (0.0083)
HHI	-0.6463 (0.4440)	-1.2957 (1.0836)	-0.0522 ** (0.0209)	-0.0284 ** (0.0135)
企业固定效应	Yes	Yes	Yes	Yes
年份固定效应	Yes	Yes	No	No
省份 - 年份固定效应	No	No	Yes	Yes
Kleibergen - Paap rk LM 统计量		23.815 ***	26.046 ***	26.046 ***
Cragg - Donald Wald F 统计量		57.240	53.373	53.373
Hansen J 统计量		0.510	0.299	1.146
N	21457	21457	21451	21451

注：括号中是经企业聚类稳健标准误调整的 t 值，*** 、** 和 * 分别表示 1% 、5% 和 10% 的显著性水平。

5.5　动机识别检验

企业进行金融资产投资存在两种截然不同的动机，一种是"投资替代"动机，企业通过大量配置金融资产来进行资本套利，从而挤出了企业主营业务和实体经济投资（F. Demir，2009）；另一种是"蓄水池"动机，企业通过金融资产投资来补充流动性，帮助其进行资金储备，缓解其融资压力（胡奕明等，2017）。上文已经证实了董事高管责任保险具有"金融化效应"，本部分将基于融资约束视角和外部监督视角，进一步识别出企业金融化动机。

5.5.1　基于融资约束视角

当企业面临较高的融资约束时，如果"蓄水池"动机发挥主导作用，那么在理论上企业可能会降低金融资产投资来进行资金储备，促进主营业务的发展，具体表现为董事高管责任保险与企业金融化之间的正相关关系减弱。而依据"投资替代"动机，企业金融化的目的是挤出实体投资，获取金融套利收益，即使企业面临严重的融资约束问题，"投资替代"动机也不会受到影响，即董事高管责任保险与企业金融化之间会依然保持显著的正相关关系（孟庆斌和侯粲然，2020）。

本章从融资约束水平和内部现金流两个方面进行分情景检验，如果"投资替代"动机成立，那么企业在融资约束水平高和内部现金流少时，董事高管责任保险对企业金融化的影响应该更大。具体而言，借鉴卡普兰和津加莱斯（S. Kaplan and L. Zingales，1997）、孟庆斌等（2019）的研究，采用企业经营性净现金流、现金股利、现金持有量、资产负债率以及托宾 Q 等财务指标构建 KZ 指数，其值越大说明企业的融资约束程度越高；使用经营性活动现金流量净额来衡量企业内部现金流水平。如果企业的 KZ 指数高于同年度同行业的中位数，内部现金流低于同年度同行业的中位数，则将其认定为融资约束相对较高的企业，取值为 1，否则取 0。

表 5 – 6 和表 5 – 7 分别报告了按照融资约束水平和内部现金流进行分组回归的结果。由表 5 – 6 和表 5 – 7 可知，在 KZ 指数较小和内部现金流较大的样本组中，*DOI* 的回归系数并不显著，只有在 KZ 指数较大和内部现金流较小的样本组中，董事高管责任保险与企业金融化之间的正相关关系显著为正，说明在融资困境下上市公司更倾向于选择金融资产投资，主要是出于"投资替代"动机，企业管理层过分地追求短期收益而忽视长期收益，从而可能造成经营性投资减少、主营业务模糊，不利于企业的长远健康发展。

表5-6　　　　　　　　　　　　融资约束视角：KZ 指数

变量	KZ 指数大		KZ 指数小	
	(1)	(2)	(3)	(4)
	*Fin*1	*Fin*2	*Fin*1	*Fin*2
DOI	0.7489 ** (0.3631)	0.5153 ** (0.2353)	0.0262 (0.0850)	-0.0035 (0.0622)
Size	-0.0004 (0.0025)	-0.0017 (0.0019)	-0.0064 (0.0040)	-0.0027 (0.0026)
Age	0.0624 *** (0.0147)	0.0255 ** (0.0100)	0.0484 (0.0333)	0.0114 (0.0223)
Lev	-0.0364 *** (0.0090)	-0.0214 *** (0.0069)	-0.0069 (0.0143)	-0.0061 (0.0084)
ROA	-0.0672 ** (0.0262)	-0.0262 * (0.0156)	-0.0242 (0.0279)	-0.0085 (0.0159)
Cash	0.0199 (0.0132)	0.0044 (0.0097)	0.0204 (0.0171)	-0.0011 (0.0107)
Intang	-0.0502 (0.0338)	-0.0329 (0.0210)	-0.1572 *** (0.0583)	-0.0829 ** (0.0394)
Growth	-0.0012 (0.0011)	0.0004 (0.0008)	0.0010 (0.0016)	0.0003 (0.0010)
SOE	-0.0109 (0.0122)	-0.0045 (0.0078)	-0.0133 (0.0091)	-0.0056 (0.0064)
First	-0.0347 * (0.0194)	-0.0233 (0.0152)	-0.0628 * (0.0356)	-0.0332 (0.0234)
Board	-0.0111 (0.0102)	-0.0072 (0.0076)	-0.0012 (0.0156)	0.0032 (0.0126)
Dual	-0.0035 (0.0033)	-0.0038 (0.0026)	0.0043 (0.0061)	0.0042 (0.0045)
Inst	-0.0381 *** (0.0134)	-0.0270 ** (0.0115)	-0.0175 (0.0241)	-0.0037 (0.0167)
HHI	-0.0473 * (0.0269)	-0.0258 (0.0207)	-0.0602 * (0.0349)	-0.0329 * (0.0198)

续表

变量	KZ 指数大		KZ 指数小	
	（1）	（2）	（3）	（4）
	*Fin*1	*Fin*2	*Fin*1	*Fin*2
企业固定效应	Yes	Yes	Yes	Yes
年份固定效应	Yes	Yes	Yes	Yes
Kleibergen – Paap rk LM 统计量	9. 126 ***	9. 126 ***	15. 927 ***	15. 927 ***
Cragg – Donald Wald F 统计量	11. 893	11. 893	46. 348	46. 348
Hansen J 统计量	0. 047	0. 010	1. 054	2. 492
N	10683	10683	10354	10354
R^2	0. 0019	0. 0005	0. 0417	0. 0381

注：括号中是经企业聚类稳健标准误调整的 t 值，*** 、** 和 * 分别表示 1%、5% 和 10% 的显著性水平。

表 5 – 7　　　　　　　　　　融资约束视角：现金流

变量	现金流大		现金流小	
	（1）	（2）	（3）	（4）
	*Fin*1	*Fin*2	*Fin*1	*Fin*2
DOI	0. 0872 (0. 0724)	0. 0485 (0. 0539)	0. 7295 ** (0. 3247)	0. 4231 * (0. 2169)
Size	− 0. 0041 (0. 0029)	− 0. 0028 (0. 0021)	− 0. 0079 ** (0. 0035)	− 0. 0041 * (0. 0022)
Age	0. 0638 *** (0. 0126)	0. 0273 *** (0. 0087)	0. 1049 *** (0. 0267)	0. 0437 *** (0. 0162)
Lev	− 0. 0097 (0. 0106)	− 0. 0142 * (0. 0075)	− 0. 0131 (0. 0127)	− 0. 0060 (0. 0075)
ROA	− 0. 0411 * (0. 0247)	− 0. 0200 (0. 0146)	− 0. 0552 * (0. 0283)	− 0. 0254 (0. 0159)

续表

变量	现金流大		现金流小	
	(1)	(2)	(3)	(4)
	Fin1	Fin2	Fin1	Fin2
Intang	−0.1029 ***	−0.0627 ***	−0.1753 ***	−0.0800 **
	(0.0335)	(0.0237)	(0.0541)	(0.0324)
Growth	−0.0005	−0.0009	−0.0004	−0.0002
	(0.0013)	(0.0009)	(0.0017)	(0.0010)
SOE	−0.0042	0.0019	−0.0062	−0.0050
	(0.0077)	(0.0056)	(0.0096)	(0.0066)
First	−0.0512 **	−0.0404 ***	−0.0245	−0.0006
	(0.0203)	(0.0136)	(0.0312)	(0.0187)
Board	0.0004	0.0027	−0.0174	−0.0082
	(0.0083)	(0.0058)	(0.0158)	(0.0109)
Dual	−0.0023	−0.0025	0.0032	0.0031
	(0.0031)	(0.0024)	(0.0054)	(0.0035)
Inst	−0.0218 *	−0.0222 **	−0.0184	−0.0106
	(0.0129)	(0.0100)	(0.0251)	(0.0156)
HHI	−0.0357	−0.0271	−0.0167	−0.0083
	(0.0251)	(0.0195)	(0.0408)	(0.0215)
企业固定效应	Yes	Yes	Yes	Yes
年份固定效应	Yes	Yes	Yes	Yes
Kleibergen – Paap rk LM 统计量	18.811 ***	18.811 ***	11.304 ***	11.304 ***
Cragg – Donald Wald F 统计量	49.391	49.391	13.503	13.503
Hansen J 统计量	0.102	0.918	0.005	0.002
N	10467	10467	10632	10632
R^2	0.0290	0.0255	0.0072	0.0043

注：括号中是经企业聚类稳健标准误调整的 t 值，***、** 和 * 分别表示 1%、5% 和 10% 的显著性水平。

5.5.2　基于外部监督视角

企业管理层不仅面临着偿债和维持股价的外部压力，还面临着晋升和业绩考核的内部压力。同时，由于现代企业所有权与控制权分离所产生的代理问题，管理层为了自身利益最大化，对短期回报过分关注，会引起管理层短视问题，从而倾向于通过增加企业金融资产配置来缓解管理层短期内外压力，谋取私人利益（余琰和李怡宗，2016）。有效的外部监督抑制了董事高管责任保险诱发的机会主义行为，从而管理层进行金融资产配置的"投资替代"动机也随之削弱，而在缺乏外部监督机制的条件下，管理层更可能实施机会主义行为，造成企业金融化投资提高，"脱实向虚"倾向加剧（顾雷雷等，2020）。具体表现为：在外部监管力度相对较小的企业中，管理层可以实施更多的机会主义行为，董事高管责任保险对企业金融化的促进作用会更为显著，可以推断这些企业金融资产配置更多地出于"投资替代"动机；反之，对于外部监管力度相对较大的企业来说，约束管理层机会主义行为可以让资金流向最具价值的投资项目，董事高管责任保险对企业金融化的正向影响发生逆转，变成负向影响。

本章从分析师跟踪度和机构持股两个方面进行分情景检验。如果"投资替代"动机成立，那么企业在分析师跟踪度和机构持股比相对较低时，董事高管责任保险对企业金融化的作用应该更强。具体地，分析师跟踪度用企业年度分析师的报告数量来表示，如果企业的分析师跟踪度和机构持股比高于同年度同行业的中位数，则将其认定为外部监管力度相对较大的企业，取值为 1，否则取 0。

表 5-8 和表 5-9 分别报告了不同的外部监督压力下，董事高管责任保险对企业金融化水平的异质性影响。从表 5-8 和表 5-9 第（3）、第（4）列可以看出，在分析师跟踪度和机构持股比较低的情况下，*DOI* 的回归系数均显著为正，然而这一正向影响在分析师跟踪度和机构持股比较高的企业中并不明显，说明董事高管责任保险的金融化效应在外部监管力度较弱的企业中更为显著，可以推断这些企业的金融资产配置行为更多是被投资替代动机所驱动。

表 5 – 8　　　　　　　　　　　外部监督视角：分析师跟踪度

变量	分析师跟踪度高		分析师跟踪度低	
	（1）	（2）	（3）	（4）
	Fin1	Fin2	Fin1	Fin2
DOI	0.0393	0.0171	1.1489 *	0.7716 *
	(0.0574)	(0.0448)	(0.6300)	(0.4248)
Size	− 0.0022	0.0008	− 0.0108 **	− 0.0058
	(0.0024)	(0.0018)	(0.0052)	(0.0036)
Age	0.0578 ***	0.0257 ***	0.1111 ***	0.0511 *
	(0.0121)	(0.0083)	(0.0406)	(0.0269)
Lev	− 0.0167	− 0.0096	− 0.0036	− 0.0061
	(0.0106)	(0.0072)	(0.0199)	(0.0135)
ROA	− 0.0489 **	− 0.0087	− 0.0117	− 0.0057
	(0.0221)	(0.0142)	(0.0321)	(0.0206)
Cash	0.0050	− 0.0032	− 0.0021	− 0.0069
	(0.0105)	(0.0070)	(0.0221)	(0.0151)
Intang	− 0.0948 ***	− 0.0569 ***	− 0.1211 **	− 0.0577
	(0.0298)	(0.0211)	(0.0547)	(0.0365)
Growth	− 0.0018 **	0.0001	0.0010	− 0.0001
	(0.0009)	(0.0005)	(0.0020)	(0.0013)
SOE	− 0.0078	− 0.0044	− 0.0244	− 0.0143
	(0.0053)	(0.0031)	(0.0161)	(0.0113)
First	− 0.0373 *	− 0.0274 *	− 0.0410	− 0.0102
	(0.0201)	(0.0157)	(0.0403)	(0.0262)
Board	0.0011	0.0042	− 0.0174	− 0.0109
	(0.0088)	(0.0061)	(0.0234)	(0.0187)
Dual	− 0.0001	0.0019	0.0029	0.0013
	(0.0028)	(0.0022)	(0.0072)	(0.0053)
Inst	− 0.0137	− 0.0219 **	0.0282	0.0247
	(0.0109)	(0.0086)	(0.0454)	(0.0308)
HHI	− 0.0502 **	− 0.0410 **	− 0.0284	− 0.0143
	(0.0205)	(0.0160)	(0.0544)	(0.0350)

续表

变量	分析师跟踪度高		分析师跟踪度低	
	（1）	（2）	（3）	（4）
	*Fin*1	*Fin*2	*Fin*1	*Fin*2
企业固定效应	Yes	Yes	Yes	Yes
年份固定效应	Yes	Yes	Yes	Yes
Kleibergen – Paap rk LM 统计量	18.807 ***	18.807 ***	4.972 *	4.972 *
Cragg – Donald Wald F 统计量	57.957	57.957	6.764	6.764
Hansen J 统计量	0.000	1.408	0.161	0.091
N	9795	9795	11270	11270
R^2	0.0216	0.0246	0.0015	0.0014

注：括号中是经企业聚类稳健标准误调整的 t 值，***、** 和 * 分别表示 1%、5% 和 10% 的显著性水平。

表 5 – 9　　　　　　　　外部监督视角：机构持股比

变量	机构持股比高		机构持股比低	
	（1）	（2）	（3）	（4）
	*Fin*1	*Fin*2	*Fin*1	*Fin*2
DOI	0.0923 (0.1130)	0.0366 (0.0864)	0.4599 ** (0.1946)	0.2668 ** (0.1207)
Size	− 0.0039 (0.0027)	− 0.0012 (0.0019)	− 0.0063 * (0.0037)	− 0.0045 * (0.0024)
Age	0.0662 *** (0.0142)	0.0235 ** (0.0094)	0.0900 *** (0.0231)	0.0386 *** (0.0147)
Lev	− 0.0152 (0.0115)	− 0.0098 (0.0072)	− 0.0065 (0.0133)	− 0.0086 (0.0087)
ROA	− 0.0586 ** (0.0267)	− 0.0268 * (0.0152)	− 0.0227 (0.0226)	− 0.0041 (0.0131)

续表

变量	机构持股比高		机构持股比低	
	(1)	(2)	(3)	(4)
	Fin1	Fin2	Fin1	Fin2
Cash	0. 0087	- 0. 0026	0. 0121	0. 0006
	(0. 0126)	(0. 0075)	(0. 0152)	(0. 0101)
Intang	- 0. 0916 ***	- 0. 0370 **	- 0. 1575 ***	- 0. 1019 ***
	(0. 0269)	(0. 0170)	(0. 0524)	(0. 0334)
Growth	- 0. 0004	0. 0005	- 0. 0002	- 0. 0006
	(0. 0013)	(0. 0008)	(0. 0013)	(0. 0009)
SOE	- 0. 0087	- 0. 0029	- 0. 0074	- 0. 0073
	(0. 0084)	(0. 0046)	(0. 0112)	(0. 0084)
First	- 0. 0254	- 0. 0123	- 0. 0360	- 0. 0162
	(0. 0189)	(0. 0144)	(0. 0289)	(0. 0161)
Board	- 0. 0113	- 0. 0081	- 0. 0115	- 0. 0086
	(0. 0097)	(0. 0059)	(0. 0115)	(0. 0080)
Dual	- 0. 0008	0. 0000	- 0. 0051	- 0. 0053 *
	(0. 0031)	(0. 0023)	(0. 0043)	(0. 0027)
HHI	- 0. 0920 ***	- 0. 0407 ***	- 0. 0112	- 0. 0091
	(0. 0228)	(0. 0156)	(0. 0372)	(0. 0229)
企业固定效应	Yes	Yes	Yes	Yes
年份固定效应	Yes	Yes	Yes	Yes
Kleibergen – Paap rk LM 统计量	15. 034 ***	15. 034 ***	10. 153 ***	10. 153 ***
Cragg – Donald Wald F 统计量	27. 942	27. 942	30. 459	30. 459
Hansen J 统计量	0. 431	1. 290	0. 167	0. 284
N	10606	10606	10483	10483
R^2	0. 0225	0. 0240	0. 0062	0. 0044

注：括号中是经企业聚类稳健标准误调整的 t 值，***、** 和 * 分别表示 1%、5% 和 10% 的显著性水平。

5.6　本章小结

　　党的二十大报告中指出"坚持把发展经济的着力点放在实体经济上",但近年来经济"脱实向虚"的趋势愈发凸显,尤其是微观实体企业金融化现象引起了学术界广泛关注。本章采用 2007~2018 年中国 A 股非金融类上市公司的数据,使用 IV-2SLS 的估计方法,实证考察董事高管责任保险对企业金融化的影响。研究结果发现以下 4 点。(1)董事高管责任保险与企业金融化之间具有显著的正相关关系,说明董事高管责任保险存在"金融化效应"。董事高管责任保险降低了管理者面临的诉讼风险和法律责任,助长机会主义行为,加剧企业金融资产投资。(2)相比于融资约束程度较低、内部现金流较多的企业,董事高管责任保险对融资约束程度较高以及内部现金流不足的企业金融化投资的提升作用更为显著。(3)相比于分析师跟踪度和机构持股比较高的企业,董事高管责任保险对分析师跟踪度和机构持股比较低的企业金融化投资的提升作用更为显著。(4)董事高管责任保险的"金融化效应"主要是出于利润最大化的"投资替代"动机,而非"蓄水池"动机。

　　在虚拟经济快速膨胀、实体经济逐渐偏离主营业务的背景下,本章的研究具有重要意义。第一,董事高管责任保险加剧了企业金融化程度,政府部门需加强市场监管力度,颁布董事高管责任保险的相关配套规定,避免该保险成为管理层自利行为的工具,约束企业金融投机套利活动,减少因认购董事高管责任保险而改变的投资决策,缓解管理层短视问题,进而抑制企业过度金融化。第二,金融要更好地服务于实体经济发展需求,提升金融机构的资金管理能力,扩大机构投资者规模,支持直接融资服务,缓解中小企业"融资难""融资贵"等问题。本章从董事高管责任保险出发,为金融化问题的解决提供了新的视角,进一步提升企业内部治理和外部监督水平,积极引导管理者更多地出于"蓄水池"动机来从事金融资产投资。

第6章 董事高管责任保险对企业创新行为的影响分析

6.1 引言

当前，我国经济已由高速增长阶段转向高质量发展阶段，推动高质量发展意味着必须不断提高效率、优化经济结构和培育增长新动力，创新则是实现这些目标的主引擎。要提升国家的自主创新能力，必然要从微观层面提升企业的创新能力。近年来，中国企业创新能力得到较大幅度的提升，但由于创新活动具有风险高、周期长和不确定性的特点，企业创新仍面临着较高的研发成本与失败风险，导致其存在研发动力不足、关键核心技术短板突出、科技成果转化率较低等一系列现实问题，创新能力不能满足现实经济发展的需求（蒲艳萍和顾冉，2019）。本章考察企业创新的影响因素，对提高企业市场竞争力、助推产业转型升级、促进国民经济发展具有重要意义。

依据经典的创新理论，管理者特征对企业的创新决策具有决定性的作用（J. Schumpeter，1934）。高层梯队理论认为，高管团队的成员组成决定了企业创新战略，因为决策者不同的认知框架会带来不同的看法，从而提供不同的选择路径（D. Hambrick and P. Mason，1984）。赵子夜等（2018）认为通才型的领导人对企业的研发投入、专利申请和专利引用具有正向促进作用。权小锋等（2019）利用上市公司高管从军经历数据，发现相比于没有从军经历的高管，具有从军经历的高管所在企业的创新水平更高。卡斯托迪奥等（C. Custódio et al.，2019）发现通才型 CEO 更能够激励企业创新，因为他们获得的知识超出了公司当前的技术范围，并且他们具有在创新项目失败时技能可以应用于其他领域的能力。而董事高管责任保险作为管理层的重要避险工具，可能改变其对风险的容忍度和以往的做事态度，进而影响企业的创新决策。但依据现有研究，关于董事高管责任保险的治理效应一直存在争议：一方面，可能会提高企业的外部治理水平，保护中小股东的利益，吸引优秀的管理者（胡国柳等，2019）；另一方面，可能降低法律的威慑作用，减轻管理层的自利成本，从而诱发更多的机会主义行为（赖黎等，2019）。

本章关注的重点问题是：在不同的创新动机下，董事高管责任保险的购买能否对企业创新产生影响，会产生怎样的影响。为此，我们以 2007～2017 年中国 A 股上市公司为研究对象，以行业参保率为工具变量，考察了董事高管责任保险对企业创新的影响。实证研究发现：董事高管责任保险所激发的企业创新行为更多的是一种策略性创新而非实质性创新，具体地，董事高管责任保险虽然增加了专利授权总量和非发明专利授权量，却降低了发明专利授权量和引用量，体现出企业管理者只重视创新数量而忽视创新质量，创新能力并没有得到真正提升。进一步分析发现，相比于所在地区投资者保护水平较低和所处行业竞争度较低的企业，董事高管责任保险在地区投资者保护水平较高和行业竞争较激烈的企业中对实质性创新的阻碍作用更为显著；若企业管理者中女性占比较高或者有过"大饥荒"经历，董事高管责任保险对企业实质性创新的负面影响更为明显。

与现有文献相比，本章的研究贡献如下。第一，丰富了董事高管责任保险在新兴市场中经济后果的相关文献。目前学术界关于董事高管责任保险的研究存在外部监督假说和机会主义假说两种截然相反的观点，而本章的研究发现董事高管责任保险对企业实质性创新的负面影响，为董事高管责任保险产生的消极治理效应提供了新的经验证据。第二，拓展了企业创新的相关研究。在研究数据上，本章使用发明专利授权量和引用量来度量企业创新活动，与研发投入和专利申请量相比，专利引用量难以被人为操纵，能够更加真实地反映企业创新质量，并且国内鲜有文献使用该数据。在研究视角上，关于高管特质对企业创新的现有研究，主要从高管教育经历、政府工作背景、是否过度自信等明显的影响因素进行分析（C. Lin et al., 2011b；A. Galasso and T. Simcoe, 2011；党力等, 2015）。而本章从董事高管责任保险这一管理者的风险对冲工具出发，通过影响管理者决策，进而作用于企业的创新行为。在研究结论上，已有研究发现企业创新投资会诱发管理层过度投资、侵占创新资源等机会主义行为，本章的研究发现了更加隐蔽的管理层机会主义表征，即董事高管责任保险增加了专利授权总量和非发明专利授权量，但降低了发明专利授权量和引用量，说明管理者出于个人声誉或职业发展的需要，倾向于投资研发周期短、资金成本低、授权难度小的创新项目。

本章余下部分的安排如下：第二部分是研究假设，第三部分是研究设计，第四部分是实证结果分析，第五部分是拓展性分析，最后是本章小结。

6.2　研究假设

以往的文献一般都默认企业投入资源从事研发活动可以带来高质量的创新成果，进而实现技术进步和提升企业价值。但基于专利视角的部分文献认为，企业创新可能是管理层为了获取某种收益或应对某种压力而采取的一种策略性行为，这并不能真正实现企业的长期增长和竞争优势，具体表现为企业非发明专利数量增加而发明专利数量却没有变化甚至出现下降。例如，有学者利用2000 年中国专利法的第二次修正案作为外生冲击（T. Tong et al., 2014），发现随着专利制度的转变，非发明专利申请量显著增加，但发明专利申请量却没有显著增长。黎文靖和郑曼妮（2016）研究发现，受到产业政策激励的企业会提高专利申请量，但仅仅是实用新型专利和外观设计专利的增加。基于上述分析，本章将创新动机分为两类：一是能够推动企业发展的实质性创新，二是为了谋取某种利益或应对某种压力的策略性创新。

董事高管责任保险有效地降低了管理层在诉讼中因其业务决策的不良后果而应承担的法律责任，从而减轻管理者的风险厌恶程度，激发其风险投资的积极性，缓解了股东与管理层之间的代理冲突（S. Bhagat et al., 1987）。但董事高管责任保险所引发的投资行为可能会也可能不会使股东获利。一方面，基于委托代理理论，管理层出于对自身利益的考虑，更有动机去投资回报率高的短期项目，而对具有不确定性的长期创新项目投资不足。此外，由于创新的高度不可预见性，管理层更可能采取对企业长期发展不利的投资策略，只关注短期利益，以缓解外部投资者给管理层的业绩压力。如果董事高管责任保险对管理层具有风险兜底效应，那就能够提高风险容忍度，缓解短视问题，增加关键技术领域的创新投入，最终实现企业自主创新水平的提高（胡国柳等，2019；J. Wang et al.，2020）。同时，董事高管责任保险可能不仅为企业吸引和保留优秀的管理人才，而且会监督管理层行为，迫使其采取负责任的行为并抑制机会主义动机，对自利行为所造成企业价值损失的后果可能无法获得理赔，进而增加管理者进行创新的意愿和动力，提升企业实质性创新水平，增强创新能力，以推动技术进步和获得竞争优势。具体而言，在承保前，保险公司会对承保公司进行尽职调查，综合分析管理层的购买动机、风险偏好以及治理能力；在保险售出后，保险公司会在承保期内通过保险合同等形式对承保公司的管理者行为进行监督和约束；在出险后，保险公司对承保企业进行详细调查，针对管理层在行使职责时所产生的错误或疏忽的不当行为进行赔偿（袁蓉丽等，2018）。

基于风险决策理论，董事高管责任保险可以在发生诉讼时降低管理者的个人责任，其风险兜底作用可能会改变管理者过去谨慎小心的投资态度，减少自利成本，导致决策时潜在的自利动机转化为现实中的自利行为（T. Baker and S. Griffith，2010），更有可能根据自身利益而非投资者利益做出与创新相关的投资决策。例如，林晨等（C. Lin et al.，2011b）发现购买董事高管责任保险的企业管理者会做出相对较差的并购决策，原因在于董事高管责任保险的保护使得管理者从事更多的非相关并购，接受更高的并购溢价。有研究发现董事高管责任保险的超额覆盖率与审计费用之间存在显著的正相关关系，这意味着审计师更有可能向采取机会主义行为的管理者所在的企业收取更高费用。这些文献表明董事高管责任保险作为管理层的自利工具，不断攫取企业及其他股东的利益。此外，在许多国家，购买董事高管责任保险的金额需强制性披露（I. Kim，2015）而在中国，董事高管责任保险的购买、承保范围、保额等相关信息均属于自愿披露的范畴。当承保范围异常高或超出企业预期时，可以有效避免管理层的诉讼风险，并提高了投资决策中采取冒险行为的可能性。而这时购买董事高管责任保险不仅可以增强管理层利用公司内部信息谋取私人利益的动机，而且可以保护自身财产免受机会主义诉讼的影响（J. Chalmers et al.，2002）。因此，基于机会主义假说，管理者为了自身利益最大化，在企业资源一定的条件下，董事高管责任保险可能会弱化对长期创新活动的激励，管理层更可能选择投资回报率高的短期项目，而抑制企业长期创新活动，降低技术要求高、资金投入多的实质性创新产出。

基于上述分析，本章提出以下假设。

假设 6 - 1a：董事高管责任保险通过风险容忍和有效监督激发了企业实质性创新。

假设 6 - 1b：董事高管责任保险通过道德风险和机会主义抑制了企业实质性创新。

6.3　研究设计

6.3.1　样本选择与数据来源

本章以 2007 ~ 2017 年中国 A 股上市公司作为初始研究样本，由于专利从申请到最终授权需要一些时间，尤其是发明专利的审批程序，需经过受理、初步审查、公布、实质审查以及授权五个阶段，往往耗时 2 年左右，因而专利授权数的统计截止到 2017 年。而发明专利引用量数据存在截断和右偏问题，申请越早的专利，存续时间越长，被引次数会比后期申请的专利天然偏多。因此，我们仅考察了专利申请后 5 年内的被引次数，留出 5 年专利审批的时间，发明专利引用量的样本区间为 2007 ~ 2012 年。对初始样本进行如下处理：（1）剔除金融行业的企业样本；（2）剔除 ST、*ST 的企业样本；（3）剔除主要变量缺失的样本；（4）为减少极端值的影响，对连续变量在 1% 和 99% 的水平上进行了 Winsorize 缩尾处理。董事高管责任保险数据通过董事会公告、股东大会决议报告以及年报手工整理得出。专利数据来源于国家知识产权局专利检索系统。企业财务和治理数据来源于 CSMAR 数据库。

6.3.2　模型设计与变量定义

为了检验董事高管责任保险对企业创新的影响，考虑到可能影响企业创新的其他因素，本章构建如下实证模型：

$$Inno_{i,t} = \beta_0 + \beta_1 DOI_{i,t-1} + \beta_2\, Control_{i,t-1} + Firm_i + Year_t + \varepsilon_{it} \qquad (6-1)$$

其中，$Inno_{i,t}$ 表示企业 i 在 t 年的技术创新能力，$DOI_{i,t-1}$ 表示企业 i 在 $t-1$ 年是否购买了董事高管责任保险，$Control_{i,t-1}$ 表示公司和行业特征的控制变量集合，$Firm_i$ 和 $Year_t$ 分别表示企业固定效应和年份固定效应，ε_{it} 表示随机扰动项。为了缓解可能的内生性问题，模型将解释变量和控制变量均滞后一期。此外，所有回归系数的标准误均在企业层面进行了 Cluster 聚类处理。模型（6-1）中变量的度量方法如下。

1. 被解释变量

借鉴贺劼和田轩（2013）等的研究，本书采用两种指标来度量企业创新活动：一是发明专利授权量（*Patentinv*），即企业申请并最终获得授权的发明专利数，二是发明专利引用量（*Citation*），即企业已获得授权的发明专利引用次数。前者衡量了企业创新活动的数量，后者衡量了企业创新活动的质量。原因在于与非发明专利相比，发明专利从申请到授权的过程中技术要求更高，审查周期更长，审查过程更复杂，授权条件更严格，更能体现企业真实的创新活动。同时，发明专利被引次数越多说明其技术成果越重要，影响范围越广，从而创新质量越高。本章同时考察了董事高管责任保险对专利授权总量（*Patent*）和非发明专利授权量（*Patentun*）的影响，其中非发明专利授权量为外观设计专利数和实用新型专利数之和。借鉴黎文靖和郑曼妮（2016）的研究，将发明专利认定为实质性创新，将非发明专利认定为策略性创新。因为技术创新是一种高风险性和不确定性的长期投资活动，而发明专利研发周期长、投入成本高、开发难度大的特点是更符合创新的定义，是企业掌握核心技术成果的具体体现。而非发明专利可能是为了迎合政府政策或提高管理者声誉，进行微小的、技术水平较低的策略性创新。具体地，将专利授权总量、发明专利授权量和非发明专利授权量加 1 取自然对数进行处理，发明专利引用量采用企业当年申请并获得授权的单个专利年均他引次数加 1 的自然对数来表示。

2. 解释变量

参考袁蓉丽等（2016）、贾宁等（2019）的做法，董事高管责任保险（DOI）用虚拟变量进行衡量，如果企业本年度购买了董事高管责任保险，则取值为 1，否则取 0。

3. 控制变量

参考田轩和王玥（X. Tian and T. Wang，2014）、科尔纳贾等（2015）的研究，本章回归模型（6 – 1）的控制变量如下：企业规模（Size）、企业年龄（Age）、资产负债率（Lev）、总资产净利润率（ROA）、资本支出比（PPE）、现金流比（Cash）、无形资产比（Intang）、产权性质（SOE）、成长能力（Growth）、股权集中度（Stru）、董事会规模（Board）、二职合一（Dual）、市场竞争程度（HHI）以及市场竞争程度的平方（HHI^2）。具体定义见表 6 – 1。

表 6 – 1　　　　　　　　　　　　　变量的定义

变量	变量符号	变量的定义
企业创新	Patentinv	ln(发明专利授权量 + 1)
	Citation	ln(发明专利年均他引次数 + 1)
董事高管责任保险	DOI	企业本年购买了该保险，取值为 1，否则取 0
企业规模	Size	ln(总资产)
企业年龄	Age	ln(企业上市年限)
资产负债率	Lev	总负债/总资产
总资产净利润率	ROA	净利润/总资产
资本支出比	PPE	购建固定资产、无形资产和其他长期资产所支付的现金/总资产
现金流比	Cash	经营活动中的现金流量净额/总资产
无形资产比	Intang	无形资产净额/总资产
产权性质	SOE	国有企业取值为 1，否则取 0

续表

变量	变量符号	变量的定义
成长能力	*Growth*	(当期营业收入 – 上期营业收入)/上期营业收入
股权集中度	*Stru*	前十大股东持股数量/企业股本数量
董事会规模	*Board*	ln(董事会人数)
二职合一	*Dual*	如果董事长和总经理同为一人，取值为1，否则取0
市场竞争程度	*HHI*	一个行业中每个企业的产品收入占行业总收入的平方和

4. 工具变量选择

内生性问题是在因果关系识别中需要解决的重要问题。董事高管责任保险与企业创新之间的内生性问题可能来源于两方面：一是企业购买董事高管责任保险的决定是管理者决策的结果，可能存在因果倒置问题，即企业创新会影响是否购买董事高管责任保险；二是可能遗漏未观察到的重要变量，这些变量会影响企业本身行为和投资决策，从而引起估计结果偏误。为了处理可能的内生性问题，借鉴林晨等（2011，2013）的做法，选取行业平均参保率作为董事高管责任保险的工具变量，即行业实际参保企业数占行业全部企业数的比率（*Incidence*1）。在工具变量的有效性方面，同一行业的企业往往需要相似的技术和管理人才，企业管理层的薪酬方案（其中包括董事高管责任保险的购买）成为争取人才的必要手段，因而同一行业的企业更可能采取与竞争对手相似的管理层薪酬方案（M. Adams et al.，2011）。此外，同一行业的企业往往面临相似的商业风险和商业周期，从而股东的诉讼风险也具有相似特征。在工具变量的外生性方面，行业平均参保率不会直接影响到单个企业的创新能力。

6.4　实证结果分析

6.4.1　描述性统计

表6-2报告了主要变量的描述性统计结果。由表6-2可知，样本企业中

发明专利授权量（*Patentinv*）的自然对数的均值为 1.3047，标准差为 1.2793，
最小值为 0，最大值为 5.2832，说明不同企业间的专利产出水平存在比较明显
的差异。发明专利引用量（*Citation*）自然对数的均值为 0.8670，标准差为
0.7290，最小值为 0，最大值为 3.0910，这与孟庆斌等（2019）的研究结果较
为接近。*DOI* 的均值为 0.0486，说明样本企业中选择购买董事高管责任保险的
比例较小。本章的其他变量与现有文献描述基本一致，这里不再进一步分析。

表 6－2　　　　　　　　　　　描述性统计

变量	观测值	均值	标准差	最小值	最大值
Patentinv	14267	1.3047	1.2793	0.0000	5.2832
Citation	6814	0.8670	0.7290	0.0000	3.0910
DOI	14267	0.0486	0.2151	0.0000	1.0000
Size	14267	21.9642	1.2465	19.0806	25.7137
Age	14267	2.6380	0.4037	0.6931	3.9120
Lev	14267	0.4325	0.2094	0.0456	1.0744
ROA	14267	0.0404	0.0542	−0.2290	0.2112
PPE	14267	0.0583	0.0504	0.0005	0.2522
Cash	14267	0.0446	0.0696	−0.1756	0.2597
Intang	14267	0.0472	0.0468	0.0000	0.3298
SOE	14267	0.4309	0.4952	0.0000	1.0000
Growth	14267	0.2842	0.7421	−0.6858	5.8565
Stru	14267	0.5765	0.1549	0.2163	0.9388
Board	14267	2.9357	0.1891	2.4849	3.4340
Dual	14267	0.2446	0.4298	0.0000	1.0000
HHI	14267	0.0519	0.1053	0.0086	0.4887
HHI^2	14267	0.0138	0.0439	0.0001	0.2388

6.4.2 基准回归结果分析

表 6 – 3 是模型（6 – 1）的基准回归结果。从变量检验结果上看，第一阶段的回归结果发现 *Incidence*1 的回归系数显著为正，工具变量通过了不可识别检验（Kleibergen – Paap rk LM 统计量）和弱工具变量检验（Cragg – Donald Wald F 统计量）。第（1）、第（2）列报告了使用普通最小二乘法（OLS）估计董事高管责任保险对企业创新的实证结果，发现核心解释变量 *DOI* 的回归系数均显著为负，说明董事高管责任保险对企业创新活动产生阻碍作用。其中，被解释变量分别为发明专利授权量（*Patentinv*）和发明专利引用量（*Citation*），*DOI* 的系数分别通过了 1% 和 5% 的显著性检验，第（3）列至第（6）列显示了工具变量的回归结果。第（3）、第（5）列只控制了企业固定效应和年份固定效应，董事高管责任保险与发明专利授权量、发明专利引用量之间存在显著的负相关关系，从而说明董事高管责任保险会降低企业实质性创新水平。从第（4）、第（6）列第二阶段的回归结果可以发现，在加入一系列控制变量后，*DOI* 的回归系数仍然显著为负，表明董事高管责任保险阻碍了企业创新活动。相比于最小二乘法的估计结果，工具变量法中解释变量 *DOI* 的回归系数的绝对值更大，说明董事高管责任保险的内生性问题使得 OLS 估计产生向下的偏移，进而倾向于低估董事高管责任保险对企业实质性创新的阻碍作用。以上回归结果支持了假设 6 – 1b。

表 6 – 3　　　　　　　　董事高管责任保险与企业创新：基准回归

变量	OLS		2SLS			
	(1)	(2)	(3)	(4)	(5)	(6)
	Patentinv	*Citation*	*Patentinv*	*Patentinv*	*Citation*	*Citation*
DOI	– 0.3635 *** (0.1026)	– 0.1591 ** (0.0791)	– 2.6706 * (1.3643)	– 2.8574 ** (1.3764)	– 3.2510 ** (1.6141)	– 3.2406 ** (1.6285)
Size	0.1585 *** (0.0269)	0.0483 (0.0324)		0.1457 *** (0.0284)		0.0285 (0.0373)

续表

变量	OLS		2SLS			
	（1）	（2）	（3）	（4）	（5）	（6）
	Patentinv	*Citation*	*Patentinv*	*Patentinv*	*Citation*	*Citation*
Age	0.0650 (0.1202)	−0.1169 (0.1361)		0.0368 (0.1488)		−0.1807 (0.1612)
Lev	−0.1134 (0.0948)	0.0879 (0.1210)		−0.0968 (0.1063)		0.2130 (0.1565)
ROA	0.6511*** (0.2237)	0.0508 (0.2656)		0.6220** (0.2443)		0.1028 (0.3027)
PPE	−0.4009** (0.2017)	0.1793 (0.2161)		−0.3632* (0.2188)		0.0863 (0.2351)
Cash	0.2248* (0.1317)	0.0029 (0.1459)		0.2391* (0.1371)		−0.0270 (0.1533)
Intang	−0.2178 (0.2970)	−0.4680 (0.3493)		−0.1186 (0.3309)		−0.1390 (0.4823)
SOE	0.0745 (0.0861)	−0.0206 (0.0813)		0.1132 (0.0918)		−0.0030 (0.0808)
Growth	0.0194* (0.0117)	0.0035 (0.0156)		0.0120 (0.0136)		0.0018 (0.0159)
Stru	0.2528* (0.1298)	0.0210 (0.1658)		0.3967** (0.1599)		0.1160 (0.1813)
Board	0.0834 (0.0959)	0.0775 (0.1125)		0.0688 (0.1014)		0.0439 (0.1195)
Dual	0.0726** (0.0326)	0.0026 (0.0384)		0.0787** (0.0351)		−0.0141 (0.0423)
HHI	−1.8511*** (0.6498)	−0.4631 (0.7290)		−1.9589*** (0.7147)		−0.3701 (0.9126)
HHI^2	3.6475*** (1.2501)	0.6350 (1.5901)		3.8241*** (1.3247)		0.2519 (1.9209)
企业固定效应	Yes	Yes	Yes	Yes	Yes	Yes
年份固定效应	Yes	Yes	Yes	Yes	Yes	Yes

续表

变量	OLS		2SLS			
	（1）	（2）	（3）	（4）	（5）	（6）
	Patentinv	*Citation*	*Patentinv*	*Patentinv*	*Citation*	*Citation*
第一阶段回归结果						
*Incidence*1			0.4860 *** (3.50)	0.4802 *** (3.52)	0.5141 *** (2.96)	0.5063 *** (3.06)
Controls	Yes	Yes	No	Yes	No	Yes
年份固定效应	Yes	Yes	Yes	Yes	Yes	Yes
企业固定效应	Yes	Yes	Yes	Yes	Yes	Yes
Kleibergen – Paap rk LM 统计量			11.967 ***	12.250 ***	7.817 ***	8.491 ***
Cragg – Donald Wald F 统计量			67.205	65.224	69.864	66.321
N	14267	6814	14267	14267	6814	6814

注：括号中是经企业聚类稳健标准误调整的 t 值，*** 、** 和 * 分别表示 1%、5% 和 10% 的显著性水平。

上文已经证实了董事高管责任保险对企业实质性创新具有阻碍作用。接下来将探讨董事高管责任保险对策略性创新的影响。表 6 – 4 报告了两阶段工具变量的回归结果。第（1）、第（3）列只控制了企业固定效应和年份固定效应，第（2）、第（4）列加入了所有控制变量。结果发现，第（1）、第（2）列中被解释变量为专利授权总量，*DOI* 的回归系数显著为正，说明董事高管责任保险的购买会提高企业总体专利产出水平。这与基准回归中的实证结果正好相反。从第（3）、第（4）列可以发现原因，*DOI* 与非发明专利授权量之间呈显著的正相关关系，这意味着董事高管责任保险对企业策略性创新具有促进作用。因此，董事高管责任保险表面上能够增加企业的专利授权量，但实际上，增加的只是非发明专利授权量，并没有为企业带来真正意义上的创新成果。

表6-4　　　　董事高管责任保险对专利授权总量和非发明专利授权量的影响

变量	(1)	(2)	(3)	(4)
	Patent	Patent	Patentun	Patentun
DOI	3. 2644 * (1. 9366)	3. 0830 * (1. 8471)	3. 9696 * (2. 0884)	3. 7586 * (2. 0144)
Size		0. 3254 *** (0. 0420)		0. 3489 *** (0. 0431)
Age		0. 0264 (0. 1602)		-0. 0421 (0. 1800)
Lev		0. 1322 (0. 1518)		0. 1665 (0. 1634)
ROA		1. 0205 *** (0. 3031)		1. 0826 *** (0. 3205)
PPE		-0. 3539 (0. 2375)		-0. 2646 (0. 2595)
Cash		0. 0113 (0. 1705)		-0. 1036 (0. 1767)
Intang		-0. 5385 (0. 4260)		-0. 4146 (0. 4557)
SOE		-0. 0338 (0. 1291)		-0. 0058 (0. 1368)
Growth		0. 0173 (0. 0163)		0. 0124 (0. 0180)
Stru		-0. 1835 (0. 1928)		-0. 4068 ** (0. 2071)
Board		0. 1455 (0. 1276)		0. 1472 (0. 1378)
Dual		-0. 0005 (0. 0427)		-0. 0243 (0. 0451)
HHI		-2. 4353 *** (0. 8660)		-1. 1479 (0. 9271)

续表

变量	(1)	(2)	(3)	(4)
	Patent	*Patent*	*Patentun*	*Patentun*
HHI^2		5.3789*** (1.5640)		1.8758 (1.6174)
企业固定效应	Yes	Yes	Yes	Yes
年份固定效应	Yes	Yes	Yes	Yes
Kleibergen – Paap rk LM 统计量	11.967***	12.250***	11.967***	12.250***
Cragg – Donald Wald F 统计量	67.205	65.224	67.205	65.224
N	14267	14267	14267	14267
R^2	0.0100	0.0702	0.0145	0.0617

注：括号中是经企业聚类稳健标准误调整的 t 值，*** 、** 和 * 分别表示 1%、5% 和 10% 的显著性水平。

6.4.3　稳健性检验

1. 替换被解释变量

参考权小锋等（2019）的做法，将发明专利申请量（*Patentinvapp*）作为衡量企业实质性创新的指标，对基准回归结果进行稳健性检验。回归结果见表6-5第（1）、第（2）列。第（1）列 OLS 的回归结果表明，*DOI* 的回归系数在 1% 的水平上显著为负，第（2）列 IV-2SLS 的回归结果发现，董事高管责任保险与发明专利申请量之间仍然呈显著的负相关关系，这一结果进一步验证了董事高管责任保险会阻碍企业实质性创新的结论。

2. 替换工具变量

为了缓解内生性问题，借鉴林晨等（2011b，2013）的研究，使用行业平均参保率的另一种度量方式作为董事高管责任保险的工具变量，即行业实际参保人数占行业董事高管总人数的比率（*Incidence*2）。回归结果见表6-5第（3）、第（4）列。第一阶段的回归结果发现，*Incidence*2 的回归系数显著为正，工具变量通过了不可识别检验（Kleibergen – Paap rk LM 统计量）和弱工具变量检验（Cragg – Donald Wald F 统计量）。第二阶段的回归结果可见，*DOI* 的回归系数显著为负，本章的主要结论依然成立。

表 6 – 5　　　　　　　　　　　替换被解释变量和工具变量

变量	(1)	(2)	(3)	(4)
	Patentinvapp	*Patentinvapp*	*Patentinv*	*Citation*
DOI	- 0. 2703 *** (0. 0924)	- 3. 2569 * (1. 9089)	- 3. 1085 ** (1. 3597)	- 3. 2970 * (1. 7311)
Size	0. 3676 *** (0. 0322)	0. 3523 *** (0. 0368)	0. 1444 *** (0. 0287)	0. 0281 (0. 0376)
Age	0. 1462 (0. 1264)	0. 1124 (0. 1650)	0. 0339 (0. 1534)	- 0. 1818 (0. 1626)
Lev	0. 1394 (0. 1061)	0. 1594 (0. 1252)	- 0. 0951 (0. 1088)	0. 2153 (0. 1590)
ROA	1. 1215 *** (0. 2317)	1. 0867 *** (0. 2668)	0. 6191 ** (0. 2487)	0. 1038 (0. 3042)
PPE	0. 0009 (0. 2163)	0. 0461 (0. 2381)	- 0. 3594 (0. 2220)	0. 0846 (0. 2357)
Cash	0. 1958 (0. 1417)	0. 2129 (0. 1505)	0. 2406 * (0. 1386)	- 0. 0276 (0. 1536)
Intang	- 0. 1772 (0. 3429)	- 0. 0584 (0. 3845)	- 0. 1086 (0. 3372)	- 0. 1330 (0. 4850)
SOE	0. 0656 (0. 0997)	0. 1120 (0. 1087)	0. 1171 (0. 0923)	- 0. 0027 (0. 0809)
Growth	0. 0023 (0. 0130)	- 0. 0066 (0. 0154)	0. 0113 (0. 0137)	0. 0018 (0. 0159)
Stru	- 0. 0469 (0. 1469)	0. 1255 (0. 1879)	0. 4112 ** (0. 1601)	0. 1177 (0. 1829)
Board	0. 1890 * (0. 0976)	0. 1715 (0. 1093)	0. 0674 (0. 1031)	0. 0433 (0. 1200)

续表

变量	(1)	(2)	(3)	(4)
	Patentinvapp	*Patentinvapp*	*Patentinv*	*Citation*
Dual	0. 0654 * (0. 0342)	0. 0726 * (0. 0389)	0. 0793 ** (0. 0356)	− 0. 0144 (0. 0426)
HHI	− 1. 0149 (0. 8487)	− 1. 1440 (0. 9332)	− 1. 9698 *** (0. 7238)	− 0. 3684 (0. 9192)
HHI^2	1. 8732 (1. 4912)	2. 0847 (1. 6154)	3. 8419 *** (1. 3370)	0. 2449 (1. 9359)
企业固定效应	Yes	Yes	Yes	Yes
年份固定效应	Yes	Yes	Yes	Yes
第一阶段回归结果				
Incidence2			0. 3634 *** (0. 1020)	0. 3418 *** (0. 1159)
Controls			Yes	Yes
年份固定效应			Yes	Yes
企业固定效应			Yes	Yes
Kleibergen − Paap rk LM 统计量		12. 250 ***	12. 641 ***	7. 494 ***
Cragg − Donald Wald F 统计量		65. 224	65. 486	55. 669
N	14267	14267	14267	6814
R²	0. 7610	0. 1647	0. 2742	0. 0021

注：括号中是经企业聚类稳健标准误调整的 t 值，*** 、** 和 * 分别表示 1%、5% 和 10% 的显著性水平。

3. Heckman 两步法

为了避免潜在的样本选择偏误所导致的内生性问题，我们采用 Heckman 两步法进行估计：第一步，构建 Probit 模型，并加入独立董事占比（*Indep*）和是否交叉持股（*BH*）作为控制变量，得到逆米尔斯比（*IMR*）；第二步，将 *IMR* 代入模型（6 - 1）重新回归，以缓解样本选择偏误问题。回归结果见

表6-6第（1）、第（2）列。从中可以看出，被解释变量为发明专利授权量
（*Patentinv*），*IMR* 的回归系数在5%的水平上显著，说明样本存在明显的样本
自选择问题，Heckman 两步法是有必要的。并且 *DOI* 的回归系数仍在1%水平
上显著为负，说明基准回归结果具有稳健性。被解释变量为发明专利引用量
（*Citation*），*IMR* 的系数不显著，说明不存在样本自选择问题。

4. 替换回归模型

借鉴蔡卫星等（2019）的研究，企业专利数量具有计数变量的特点，可
以采用泊松模型（Possion model）来处理这类非负整数值的数据。回归结果见
表6-6第（3）、第（4）列。从中可以看出，*DOI* 的回归系数依旧显著为负，
从而说明董事高管责任保险会降低企业实质性创新水平，加强了基准回归结果
的可靠性。

表 6-6　　　　　　　　　　Heckman 两步法和替换回归模型

变量	(1)	(2)	(3)	(4)
	Patentinv	*Citation*	*Patentinv*	*Citation*
DOI	-0.3472 *** (0.1035)	-0.1532 * (0.0804)	-0.1333 * (0.0784)	-0.1230 * (0.0734)
IMR	-1.0894 ** (0.5325)	-0.2963 (0.5294)		
Size	0.0241 (0.0702)	0.0121 (0.0722)	0.1208 *** (0.0264)	0.1052 *** (0.0154)
Age	-0.3927 (0.2605)	-0.2420 (0.2622)	0.1705 (0.1059)	-0.0826 ** (0.0386)
Lev	-0.4371 ** (0.1833)	0.0006 (0.2003)	-0.0699 (0.1006)	-0.1650 * (0.0901)
ROA	1.5728 *** (0.5045)	0.3069 (0.5274)	0.5534 ** (0.2414)	0.4700 (0.3104)
PPE	-0.2154 (0.2177)	0.2265 (0.2378)	-0.1737 (0.2185)	0.1755 (0.2598)
Cash	0.0818 (0.1466)	-0.0365 (0.1620)	0.0822 (0.1561)	-0.1901 (0.2063)

续表

变量	(1)	(2)	(3)	(4)
	Patentinv	*Citation*	*Patentinv*	*Citation*
Intang	−1.4419 **	−0.7976	−0.2423	−0.9197 ***
	(0.6664)	(0.6900)	(0.3425)	(0.3362)
SOE	−0.1793	−0.0923	0.0521	0.0584 *
	(0.1477)	(0.1439)	(0.0792)	(0.0348)
Growth	0.0635 **	0.0155	0.0155	0.0131
	(0.0248)	(0.0265)	(0.0143)	(0.0198)
Stru	0.1561	−0.0073	0.3511 ***	−0.0770
	(0.1392)	(0.1720)	(0.1276)	(0.1038)
Board	0.2704 **	0.1266	0.0663	0.1985 **
	(0.1347)	(0.1383)	(0.0949)	(0.0854)
Dual	0.1569 ***	0.0259	0.0618 *	0.0389
	(0.0511)	(0.0568)	(0.0322)	(0.0349)
HHI	−2.9020 ***	−0.7531	−2.2009 ***	−3.2655 ***
	(0.8219)	(0.8879)	(0.6856)	(0.5683)
HHI^2	5.3502 ***	1.1074	5.2269 ***	7.7245 ***
	(1.4970)	(1.7971)	(1.3054)	(1.2473)
企业固定效应	Yes	Yes	Yes	Yes
年份固定效应	Yes	Yes	Yes	Yes
N	14267	6814	13740	7136
R^2	0.7051	0.4981		

注：括号中是经企业聚类稳健标准误调整的 t 值，***、** 和 * 分别表示 1%、5% 和 10% 的显著性水平。

5. 增加控制变量

本章的模型虽然已经控制了较多的影响因素，但可能存在遗漏变量问题，比如宏观政策因素、管理层的个人特征都可能会影响企业创新活动（M. Serfling，2014；章元等，2018），从而引起内生性问题。基于此，我们增加了一些可能的遗漏变量，包括政府补贴（*Subsidy*，政府补助与总资产的比值）、海外背景的独立董事（*Oversea*，独立董事中如果有海外工作背景，取值为 1, 否则取 0)、管理层平均年龄 (*Meanage*, 管理层年龄的平均值)。回归结果见表 6-7。通过与表 6-3 的基准回归结果进行对比,可以看出,在增加相关遗漏变量后,无论是使用 OLS 估计还是工具变量法,*DOI* 的回归系数并没有发生明显的变化,依然显著为负,说明董事高管责任保险对企业创新活动具有阻碍作用,结果进一步验证了本章结论的稳健性。

表 6-7 增加控制变量

变量	OLS		2SLS	
	(1)	(2)	(3)	(4)
	Patentinv	*Citation*	*Patentinv*	*Citation*
DOI	-0.3624 ***	-0.1619 **	-2.5912 **	-3.1575 **
	(0.1014)	(0.0791)	(1.3149)	(1.5922)
Subsidy	6.5608 ***	2.1216	6.4750 ***	2.3145 *
	(1.3121)	(1.3184)	(1.3714)	(1.3496)
Oversea	0.0310	0.0118	0.0475 *	0.0317
	(0.0241)	(0.0278)	(0.0262)	(0.0323)
Meanage	-0.0114 **	0.0009	-0.0098 *	0.0036
	(0.0052)	(0.0061)	(0.0055)	(0.0066)
Size	0.1848 ***	0.0562 *	0.1713 ***	0.0356
	(0.0270)	(0.0331)	(0.0285)	(0.0380)
Age	0.0636	-0.1195	0.0399	-0.1823
	(0.1197)	(0.1363)	(0.1440)	(0.1606)
Lev	-0.1563 *	0.0754	-0.1391	0.1959
	(0.0945)	(0.1205)	(0.1041)	(0.1540)
ROA	0.6277 ***	0.0544	0.6077 **	0.1097
	(0.2219)	(0.2655)	(0.2381)	(0.3005)
PPE	-0.4434 **	0.1633	-0.4101 *	0.0695
	(0.2017)	(0.2163)	(0.2164)	(0.2346)
Cash	0.2275 *	0.0028	0.2383 *	-0.0295
	(0.1309)	(0.1460)	(0.1353)	(0.1532)

续表

变量	OLS		2SLS	
	（1）	（2）	（3）	（4）
	Patentinv	*Citation*	*Patentinv*	*Citation*
Intang	− 0. 2243 （0. 2957）	− 0. 4653 （0. 3502）	− 0. 1365 （0. 3227）	− 0. 1500 （0. 4765）
SOE	0. 0805 （0. 0850）	− 0. 0232 （0. 0815）	0. 1160 （0. 0898）	− 0. 0057 （0. 0811）
Growth	0. 0174 （0. 0118）	0. 0034 （0. 0156）	0. 0111 （0. 0134）	0. 0021 （0. 0157）
Stru	0. 2359 * （0. 1290）	0. 0159 （0. 1662）	0. 3633 ** （0. 1554）	0. 1077 （0. 1804）
Board	0. 0664 （0. 0954）	0. 0742 （0. 1123）	0. 0510 （0. 0997）	0. 0389 （0. 1191）
Dual	0. 0700 ** （0. 0325）	0. 0034 （0. 0384）	0. 0760 ** （0. 0344）	− 0. 0119 （0. 0421）
HHI	− 1. 8819 *** （0. 6493）	− 0. 4400 （0. 7292）	− 1. 9583 *** （0. 7036）	− 0. 3277 （0. 9047）
HHI^2	3. 6331 *** （1. 2472）	0. 6046 （1. 5920）	3. 7636 *** （1. 3087）	0. 2051 （1. 9098）
企业固定效应	Yes	Yes	Yes	Yes
年份固定效应	Yes	Yes	Yes	Yes
N	14267	6814	14267	6814
R^2	0. 6578	0. 3490	0. 3012	0. 0029

注：括号中是经企业聚类稳健标准误调整的 t 值，***、** 和 * 分别表示 1%、5% 和 10% 的显著性水平。

6.5　拓展性分析

表 6 - 3 和表 6 - 4 的研究表明，董事高管责任保险虽然增加了企业专利授权量，但只是非发明专利授权量的增加，发明专利授权量和引用量均显著降

低，说明企业仅重视策略性创新，而忽视真正推动技术进步的实质性创新，最终将不利于企业长期价值创造活动。因此，本部分基于理论分析的逻辑，分别从宏观法律环境、中观行业竞争和微观管理者特征三个角度分析董事高管责任保险对企业实质性创新的影响，从而厘清其中的内在机制。

6.5.1　投资者保护水平的调节效应

在投资者保护水平较高的地区，法律法规的体系构建和执行情况相对完善，投资者的监督和维权意识较强，能够影响企业和管理者的行为决策（胡国柳等，2019）。同时，投资者保护水平越高，管理者面临潜在的诉讼风险也就越大，董事高管责任保险对管理层个人利益的保护和兜底作用越有效，越能够诱发管理层采取机会主义行为，其对企业创新的阻碍效应会更为显著。而在投资者保护水平较低的地区，管理层面临的潜在诉讼风险较小，董事高管责任保险的保护和兜底作用有限，因此董事高管责任保险对企业创新的阻碍作用可能并不明显。具体地，本章采用王小鲁等（2018）提供的分项指标"市场中介组织的发育和法律制度环境"（*Law*）来衡量投资者保护水平。若企业所在地的"市场中介组织的发育和法律制度环境"指数高于同年度的中位数，则取值为1，否则取0。

为了缓解不随时间变化的地区层面不可观测因素的影响，我们进一步控制地区固定效应。表6-8报告了投资者保护水平的调节效应回归结果。从第（1）、第（2）列可以看出，被解释变量无论是*Patentinv*还是*Citation*，若企业处在投资者保护水平较高的地区，*DOI*的回归系数均显著为负，说明董事高管责任保险对企业实质性创新的阻碍作用在投资者保护程度更高的地区更为显著，与预期一致。第（3）、第（4）列显示，当企业处在投资者保护水平较低的地区，董事高管责任保险对管理层机会主义行为的保护作用有限，因而董事高管责任保险对创新质量的负向影响并未显现。

表 6 – 8   投资者保护水平的调节效应

变量	投资者保护水平高		投资者保护水平低	
	（1）	（2）	（3）	（4）
	Patentinv	*Citation*	*Patentinv*	*Citation*
DOI	– 3. 4398 **	– 6. 0384 *	– 5. 3651	– 5. 4471
	（1. 7545）	（3. 6097）	（6. 3220）	（7. 9840）
Size	0. 0971 **	– 0. 1098	0. 1394 **	0. 0469
	（0. 0435）	（0. 0889）	（0. 0660）	（0. 0813）
Age	0. 1032	– 0. 0679	– 0. 0003	– 0. 1433
	（0. 2159）	（0. 2842）	（0. 3393）	（0. 5684）
Lev	– 0. 1483	0. 3186	– 0. 1310	0. 1629
	（0. 1566）	（0. 2758）	（0. 2665）	（0. 3668）
ROA	0. 7970 **	– 0. 2557	0. 5957	0. 0266
	（0. 3686）	（0. 4888）	（0. 5036）	（0. 5332）
PPE	– 0. 5254 *	– 0. 1095	– 0. 0542	0. 7106 *
	（0. 3168）	（0. 3993）	（0. 2459）	（0. 3934）
Cash	0. 3794 *	0. 2108	– 0. 1249	– 0. 2472
	（0. 2144）	（0. 2838）	（0. 2449）	（0. 2281）
Intang	– 0. 6584	– 0. 7212	0. 6427 *	– 0. 2178
	（0. 4850）	（0. 8211）	（0. 3271）	（0. 9331）
SOE	0. 1059	– 0. 0086	0. 0052	– 0. 0418
	（0. 1472）	（0. 1761）	（0. 1630）	（0. 1326）
Growth	0. 0246	0. 0302	– 0. 0026	– 0. 0268
	（0. 0206）	（0. 0220）	（0. 0277）	（0. 0285）
Stru	0. 4654 *	0. 1248	0. 3226 *	0. 2499
	（0. 2716）	（0. 3631）	（0. 1780）	（0. 3377）
Board	0. 0604	0. 3113	– 0. 0348	– 0. 1878
	（0. 1597）	（0. 2415）	（0. 2432）	（0. 2358）
Dual	0. 0416	– 0. 0276	0. 1480 **	0. 0606
	（0. 0528）	（0. 0745）	（0. 0674）	（0. 0751）
HHI	– 2. 9749 ***	– 1. 9138	– 1. 4121	0. 1718
	（1. 0656）	（1. 7344）	（1. 3103）	（2. 2272）

变量	投资者保护水平高		投资者保护水平低	
	(1)	(2)	(3)	(4)
	Patentinv	*Citation*	*Patentinv*	*Citation*
HHI^2	5.4267 *** (1.9284)	3.4893 (3.2724)	3.0148 (2.3834)	-1.1660 (5.0155)
企业固定效应	Yes	Yes	Yes	Yes
年份固定效应	Yes	Yes	Yes	Yes
省份固定效应	Yes	Yes	Yes	Yes
N	6855	3007	6579	2943
R^2	0.2876	0.0009	0.0184	0.0021

注：括号中是经企业聚类稳健标准误调整的 t 值，*** 、** 和 * 分别表示 1%、5% 和 10% 的显著性水平。

6.5.2　行业竞争的调节效应

行业竞争状况是否会影响董事高管责任保险与企业创新之间的关系？一方面，在竞争激烈的行业中，为了争夺有限的市场资源，企业可能面临着更为严格的同业监督，进而抑制了管理层机会主义动机（王建琼和曹世蛟，2020）；另一方面，行业竞争程度越高给管理层带来的业绩压力越大，诱发其潜在的机会主义动机（梁上坤等，2020）。而董事高管责任保险的有效保护使得管理者没有了后顾之忧，降低了自利成本，进一步诱发和加剧了管理者实施机会主义行为的可能性。由此可以预期，行业竞争越激烈，董事高管责任保险对企业创新的阻碍作用可能越明显。我们采用赫芬达尔－赫希曼指数（HHI）来衡量产品市场竞争程度。具体而言，HHI 指数用每家企业的营业收入占行业营业总收入的平方和衡量，该指数越小表明市场集中度越低，行业间企业竞争程度越激烈。若 HHI 指数高于同行业同年度的中位数，则取值为 1，否则取 0。

表 6-9 显示了行业竞争的调节效应回归结果。第（1）、第（2）列是行业竞争度较高的样本组回归结果，*DOI* 的回归系数分别在 5%、10% 的水平上显著为负；第（3）、第（4）列是行业竞争度较低的样本组回归结果，*DOI* 的

回归系数为负,均不显著。上述结果表明,相比于行业竞争度较低的企业,董事高管责任保险在行业竞争程度较高的企业中对实质性创新的阻碍作用更为显著。

表 6 - 9 　　　　　　　　　　行业竞争的调节效应

变量	行业竞争度高		行业竞争度低	
	(1)	(2)	(3)	(4)
	Patentinv	*Citation*	*Patentinv*	*Citation*
DOI	- 6. 0556 **	- 6. 3322 *	- 2. 0439	- 3. 5574
	(3. 0166)	(3. 5250)	(1. 5999)	(2. 1658)
Size	0. 1294 **	- 0. 0437	0. 1904 ***	0. 0107
	(0. 0504)	(0. 0754)	(0. 0411)	(0. 0612)
Age	0. 0005	0. 0442	0. 0501	- 0. 2678
	(0. 2785)	(0. 4810)	(0. 1740)	(0. 2655)
Lev	- 0. 2295	0. 0698	- 0. 0928	0. 3723
	(0. 2012)	(0. 2511)	(0. 1453)	(0. 2764)
ROA	1. 5148 ***	1. 0109	- 0. 0409	- 0. 1271
	(0. 4711)	(0. 6850)	(0. 3558)	(0. 4818)
PPE	- 0. 0164	- 0. 0220	- 0. 6589 **	0. 2890
	(0. 4606)	(0. 4385)	(0. 3139)	(0. 4196)
Cash	- 0. 0894	- 0. 7216 **	0. 3758 *	0. 2581
	(0. 2547)	(0. 3272)	(0. 2037)	(0. 2518)
Intang	0. 3645	- 0. 4019	- 0. 4454	0. 6484
	(0. 5000)	(0. 9413)	(0. 4700)	(0. 8298)
SOE	0. 1768	- 0. 0223	0. 1493	0. 0652
	(0. 1737)	(0. 1387)	(0. 1325)	(0. 1302)
Growth	- 0. 0019	- 0. 0099	0. 0158	0. 0291
	(0. 0268)	(0. 0273)	(0. 0185)	(0. 0247)
Stru	0. 3466	0. 4965	0. 5600 **	- 0. 1536
	(0. 2471)	(0. 3536)	(0. 2264)	(0. 2819)
Board	0. 0376	- 0. 1227	0. 0701	0. 0116
	(0. 1682)	(0. 2154)	(0. 1358)	(0. 2011)

变量	行业竞争度高		行业竞争度低	
	（1）	（2）	（3）	（4）
	Patentinv	*Citation*	*Patentinv*	*Citation*
Dual	0.0613 （0.0572）	−0.0166 （0.0841）	0.0887 * （0.0462）	−0.0375 （0.0693）
HHI	−1.8254 （1.1672）	0.3603 （2.0523）	−2.7032 *** （0.8709）	−0.4833 （1.2743）
HHI^2	3.9583 * （2.2178）	−2.4269 （4.4930）	5.1089 *** （1.6924）	0.5234 （2.4657）
企业固定效应	Yes	Yes	Yes	Yes
年份固定效应	Yes	Yes	Yes	Yes
N	6932	2988	6927	2980
R^2	0.0460	0.0025	0.3253	0.0016

注：括号中是经企业聚类稳健标准误调整的 t 值，***、** 和 * 分别表示 1%、5% 和 10% 的显著性水平。

6.5.3　管理者特征的调节效应

基于高层梯队理论，管理者个人特征可能会影响企业的行为决策。管理者个人特征主要包括管理者的性别、年龄、人生经历、职业经历等。我们重点从管理者性别和个人经历两个方面进行分析。现有研究表明，与男性管理者相比，女性管理者的风险规避程度更高、风险承担水平更低（S. Brenner，2015；M. Faccio et al.，2016）。有苦难经历的管理者往往对风险的容忍度更低，其管理风格更为保守（A. Dittmar and R. Duchin，2015）。依据前文逻辑，风险规避的管理层在企业投资决策时持有谨慎保守的态度，不愿意采取风险性高的机会主义行为，但在购买董事高管责任保险后，管理层的风险容忍度提高，可能诱发其机会主义动机。因此，董事高管责任保险对企业创新的负向影响在女性和有苦难经历的管理者中可能更为明显。具体地，参考孟庆斌等（2018）、胡国柳等（2019）的研究，如果企业女性高管占比高于同行业同年度的中位数，则取值为 1，否则取 0。管理者如果在 1940～1955 年之间出生，则定义为有"大饥荒"经历，取值为 1，否则取 0。

　　表 6-10 和表 6-11 分别报告了管理者性别的调节效应和管理者成长经历的调节效应。表 6-10 第（1）、第（2）列是企业女性高管占比较高的样本组，*DOI* 的回归系数显著为负，第（3）、第（4）列是企业女性高管占比较低的样本组，*DOI* 的回归系数不显著。这表明相比于其他企业，在女性高管占比较高的企业中，董事高管责任保险对创新的阻碍作用更为显著。表 6-11 第（1）、第（2）列是企业中有"大饥荒"经历的管理者，*DOI* 的回归系数显著为负，第（3）、第（4）列是企业中没有"大饥荒"经历的管理者，*DOI* 的回归系数为负，但不显著。这说明相比于其他企业，管理者中有"大饥荒"经历的企业，董事高管责任保险对实质性创新的负面影响更强。

　　基于调节效应分析，我们可以发现：由于法律约束、行业监督、自身风险规避等原因，管理层原本不敢或不愿意从事机会主义行为，在董事高管责任保险这一保护和风险兜底工具的刺激作用下，管理者产生了较为强烈的自利动机，从而进一步阻碍了企业实质性创新。

表 6-10　　　　　　　　　　管理者性别的调节效应

变量	女性高管占比高		女性高管占比低	
	（1）	（2）	（3）	（4）
	Patentinv	*Citation*	*Patentinv*	*Citation*
DOI	-4.1528* (2.2145)	-4.1867* (2.2827)	-1.5148 (1.4898)	0.5087 (2.0058)
Size	0.1694*** (0.0493)	0.1094* (0.0595)	0.1781*** (0.0440)	-0.0193 (0.0482)
Age	-0.2095 (0.2119)	-0.3653 (0.2717)	0.3137 (0.2304)	-0.1423 (0.2803)
Lev	-0.0792 (0.1830)	0.2574 (0.2796)	-0.2287 (0.1575)	-0.0135 (0.1891)
ROA	0.4965 (0.3488)	0.2637 (0.4741)	0.6505* (0.3413)	-0.1662 (0.3568)

续表

变量	女性高管占比高		女性高管占比低	
	（1）	（2）	（3）	（4）
	Patentinv	*Citation*	*Patentinv*	*Citation*
PPE	-0.0616 (0.3183)	0.0144 (0.3862)	-0.4935 (0.3120)	0.2122 (0.3329)
Cash	0.3625 * (0.2107)	-0.1905 (0.2404)	0.3468 * (0.2021)	0.3375 (0.2153)
Intang	0.0647 (0.5795)	0.2683 (0.9133)	-0.3029 (0.4431)	-1.0426 ** (0.5132)
SOE	0.2520 (0.1642)	-0.0111 (0.1873)	-0.0332 (0.1258)	-0.0191 (0.1048)
Growth	0.0180 (0.0203)	-0.0077 (0.0275)	-0.0017 (0.0201)	0.0046 (0.0230)
Stru	0.2846 (0.2343)	-0.0043 (0.3451)	0.6247 *** (0.2334)	0.2123 (0.2305)
Board	0.2116 (0.1524)	-0.0693 (0.2082)	0.0006 (0.1552)	0.2086 (0.1662)
Dual	0.1327 ** (0.0588)	-0.0371 (0.0712)	0.0655 (0.0550)	0.0433 (0.0566)
HHI	-2.7502 ** (1.0886)	-1.7339 (1.8933)	-2.3809 ** (1.0490)	-0.7691 (1.1313)
HHI^2	4.7497 *** (1.8407)	2.1855 (3.3802)	5.2256 ** (2.2076)	0.8532 (2.4889)
企业固定效应	Yes	Yes	Yes	Yes
年份固定效应	Yes	Yes	Yes	Yes
N	6930	3042	6947	3348
R^2	0.2031	0.0086	0.3535	0.0316

注：括号中是经企业聚类稳健标准误调整的 t 值，***、** 和 * 分别表示 1%、5% 和 10% 的显著性水平。

表 6 - 11　　　　　　　　管理者成长经历的调节效应

变量	高管有"大饥荒"经历		高管无"大饥荒"经历	
	(1)	(2)	(3)	(4)
	Patentinv	*Citation*	*Patentinv*	*Citation*
DOI	- 3. 4596 ** (1. 6104)	- 3. 5689 * (1. 8241)	- 6. 6186 (11. 8956)	- 7. 2892 (υ. 9941)
Size	0. 1811 *** (0. 0477)	0. 0129 (0. 0436)	0. 0795 (0. 0664)	0. 1104 (0. 1172)
Age	0. 3755 * (0. 2267)	- 0. 2476 (0. 2134)	- 0. 4515 (0. 4769)	- 0. 0732 (0. 2743)
Lev	0. 0589 (0. 1679)	0. 2710 (0. 1970)	- 0. 2429 (0. 4332)	0. 2569 (0. 4514)
ROA	0. 9448 *** (0. 3408)	- 0. 0325 (0. 3364)	0. 2459 (1. 0807)	1. 1290 (1. 0173)
PPE	- 0. 1729 (0. 3051)	0. 1001 (0. 2819)	- 0. 4636 (0. 4876)	0. 2735 (0. 4697)
Cash	0. 1980 (0. 1812)	- 0. 1226 (0. 1774)	0. 4211 (0. 7583)	0. 1390 (0. 4041)
Intang	- 0. 2112 (0. 4854)	0. 0757 (0. 5798)	- 0. 8140 (1. 0768)	- 1. 2223 (1. 3607)
SOE	0. 1487 (0. 1071)	0. 0770 (0. 0926)	0. 2649 (0. 8650)	- 0. 5350 (0. 4031)
Growth	0. 0045 (0. 0189)	0. 0071 (0. 0177)	0. 0254 (0. 0342)	- 0. 0217 (0. 0569)
Stru	0. 5703 ** (0. 2369)	0. 0205 (0. 2192)	0. 0189 (0. 4393)	- 0. 5033 (0. 7181)
Board	- 0. 0773 (0. 1401)	0. 0076 (0. 1384)	0. 5659 (0. 3942)	0. 3437 (0. 4071)
Dual	0. 1088 ** (0. 0510)	- 0. 0065 (0. 0520)	0. 0935 (0. 0955)	- 0. 0262 (0. 1050)
HHI	- 1. 5568 (1. 0472)	- 0. 2962 (1. 0943)	- 2. 7312 ** (1. 1745)	- 2. 3454 (3. 4700)

续表

变量	高管有"大饥荒"经历		高管无"大饥荒"经历	
	(1)	(2)	(3)	(4)
	Patentinv	*Citation*	*Patentinv*	*Citation*
HHI^2	2.9852	0.2283	5.2394 **	5.6658
	(1.9052)	(2.2598)	(2.2717)	(8.2055)
企业固定效应	Yes	Yes	Yes	Yes
年份固定效应	Yes	Yes	Yes	Yes
N	8684	5317	5239	1252
R^2	0.1830	0.0050	0.2159	0.0111

注：括号中是经企业聚类稳健标准误调整的 t 值，***、** 和 * 分别表示 1%、5% 和 10% 的显著性水平。

6.6　本章小结

创新是企业建立竞争优势的重要战略，也是经济增长的重要驱动力。本章基于 2007～2017 年中国 A 股上市公司数据，为缓解内生性问题，以行业平均参保率作为董事高管责任保险的工具变量，实证检验了董事高管责任保险对企业创新的影响。结果发现，董事高管责任保险对企业实质性创新具有阻碍作用——购买董事高管责任保险的企业发明专利授权量和引用量更少；董事高管责任保险对企业策略性创新具有促进作用——购买董事高管责任保险的企业专利授权总量和非发明专利授权量更多。因此，董事高管责任保险只是在表面上提高企业的创新产出，但实际上并没有增加真正高质量的创新成果。进一步研究表明，相比于其他企业，所在地区投资者保护水平较高和行业竞争程度较激烈的企业中，董事高管责任保险对实质性创新的阻碍作用更显著；相比于其他企业，管理者中女性占比较高和有"大饥荒"经历的企业，董事高管责任保险对实质性创新的负面影响更明显。此外，通过改变被解释变量和工具变量的度量方式、Heckman 两步法、替换回归模型等一系列稳健性检验后，本章的结论依然成立。

　　董事高管责任保险诱发更多的机会主义行为。一方面，管理层使用该保险来增强其利用内部信息谋取个人利益的意愿；另一方面，管理层使用该保险来保护自身资产免受机会主义诉讼的侵害。基于本章的研究，可能有以下的政策启示和微观建议。第一，在制度层面，应健全信息披露制度，目前上市公司购买董事高管责任保险的相关信息属于自愿披露的范畴，但管理层出于自利动机造成企业隐瞒内部信息或传递虚假信息掩饰实情，监管部门可以考虑进一步明确企业信息披露的标准，提高信息披露质量，抑制管理层机会主义行为，推动企业实质性创新。第二，在市场层面，应维护市场运行机制。充分利用外部投资者、分析师等对上市企业进行有效监督，有助于约束管理层自利行为，提高企业的创新能力。第三，在企业层面，要提高内部治理水平，通过股权结构、董事会治理等来监督管理层，减少管理层自利行为的空间和机会，进而提高企业创新质量。

第7章 董事高管责任保险对企业社会责任行为的影响分析

7.1 引言

企业社会责任从广义上定义为企业不再仅仅追求经济利益最大化，而是承担着降低利益相关者（所有者、员工、客户、社区以及整个社会）的潜在不利影响，并致力于社会福利水平最大化（S. Hegde and D. Mishra，2019）的义务，它作为一项非经济性活动，可能会影响企业的可持续发展和市场竞争力，甚至关系社会的公平与稳定问题（M. Kitzmueller and J. Shimshack，2012；H. Liang and L. Renneboog，2017）。近年来，企业社会责任履行成为越来越重要的商业投资行为之一。例如，尼尔森（Nielsen）在2014年有关企业社会责任的调查中显示，超过三分之二（67%）的受访者"更喜欢在一家对社会负责的企业中工作"。毕马威（KPMG）在2017年企业社会报告调查中发现，全球收入最高的250家企业中有93%在独立报告或年度财务报告中发布了企业的社会责任绩效。在中国，企业社会责任也得到了一定程度的重视与发展。润灵环球责任评级数据（RKS）显示，2018年沪深A股上市公司中共有851家披露了社会责任报告，其中，自愿披露数量首次超过了应规披露数量，说明上市公司的社会责任意识逐渐增强。依据社科院发布的《企业社会责任蓝皮书(2019)》，中国企业300强的社会责任发展指数为32.7分，整体水平仍处于"起步者"阶段，有待进一步深化与发展。因此，考察企业社会责任履行的影响因素，对于助推企业可持续发展、促进社会稳定和谐具有重要的现实意义。

　　董事高管责任保险是资本市场发展到一定阶段的产物，随着投资者保护制度的完善和维权意识的增强，企业管理层面临着更多的执业风险和诉讼风险，为了维护自身利益和规避诉讼风险，董事高管责任保险应运而生。该保险通常包括企业保险和个人保险，当企业向董监事或高级管理人员赔偿诉讼费用时，保险公司将承担承保企业的赔偿费用，当企业由于法律原因无法赔偿董监事或高级管理人员时，个人保险可直接支付给他们，但应满足董监事和高管行为是"善意"的，不能存在"故意"或"恶意"成分（S. Ferris et al., 2007）。近年来，上市公司的董监事和高管因决策失误、违反规定或错误行为遭受起诉求偿的案例越来越多。例如，2013 年宋都股份由于虚假陈述问题，其失职高管受到投资者的集体诉讼追偿；2018 年华泽钴镍被投资者指控利用关联交易"掏空"上市公司资产，前任董事长及其高级管理人员被追究法律责任；2019年部分投资者以信息披露违法为由起诉澄星股份及其管理层，要求其赔偿损失。

　　由于董事高管责任保险改变了管理层的诉讼风险，可能影响管理者的行为决策，进而作用于企业的经营、投资、财务等方面。但关于董事高管责任保险的经济后果，尤其是在公司治理中的作用，目前学术界存在着两种不同的观点。一种观点基于监督激励的视角，董事高管责任保险积极履行其监督职能（J. Core, 1997），激励管理者工作的积极性，帮助企业吸引有能力和才干的专业管理者（D. Mayers and C. Smith, 1982），减少风险规避带来的短视行为（H. Zou and M. Adams, 2008）；另一种观点基于机会主义的视角，董事高管责任保险会降低法律的威慑效应（H. Chung et al., 2015），诱发管理层机会主义行为（K. Li and Y. Liao, 2014），增加企业经营风险（赖黎等，2019）。总体来说，董事高管责任保险影响企业发展的研究尚未形成一致结论，因而借鉴现有文献的分析框架，探讨在购买董事高管责任保险的情境下，管理层会选择增加还是减少企业社会责任投资，以期进一步揭示董事高管责任保险的微观经济影响。

　　为此，本章以 2010～2018 年中国 A 股上市公司数据为样本，探究董事高管责任保险对企业社会责任的影响及其作用机制。结果表明，董事高管责任保险会降低企业的社会责任承担水平，支持了机会主义假说。而企业社会责任之所以出现下降，是因为管理层购买董事高管责任保险会提高信息不对称和粉饰短期业绩水平，进而增加了从事机会主义行为的空间和机会。进一步的研究表明，相比于其他企业，董事高管责任保险与企业社会责任之间的负相关关系在国有企业、管理层持股比低、非"四大"会计师事务所审计和市场化程度较低的企业中更为明显；此外，董事高管责任保险所带来的降低企业社会责任履行是一种长期行为，会损害企业的价值创造、市场表现以及能力盈利。

与现有研究相比，本章的贡献主要体现在以下两个方面。第一，拓展了董事高管责任保险影响企业经济后果的相关文献，现有文献主要从企业一般性的投融资视角，考察董事高管责任保险的经济绩效或财务绩效，例如，对并购决策（郝照辉和胡国柳，2014）、融资行为（C. Lin et al.，2013）、投资效率（K. Li and Y. Liao，2014）以及研发创新（胡国柳等，2019）产生的影响，但鲜有文献从社会责任投资视角探究董事高管责任保险的社会和环境价值效应，并且针对董事高管责任保险是发挥监督职能还是诱发机会主义行为，研究发现董事高管责任保险会诱发管理者的道德风险和机会主义行为。第二，丰富了企业社会责任影响因素领域的相关研究。现有文献主要从外部环境（D. Alexander et al.，2019；T. Chen et al.，2020）、公司特征（靳小翠，2017；K. Lins et al.，2017）、内部治理体系（R. Davidson et al.，2019）等方面解释企业社会责任投资行为，但探讨董事高管责任保险影响企业社会责任的文献较为少见。本章借助董事高管责任保险这一行为对此进行了有益补充，同时也为企业社会责任的探索增添了来自中国的经验证据。

本章余下部分的结构安排如下：第二部分是研究假设，第三部分是研究设计，第四部分是实证结果分析，第五部分是拓展性分析，最后是本章小结。

7.2　研究假设

董事高管责任保险只有在管理者因决策错误、疏忽、不作为、不实或者误导性陈述等行为发生时，才会赔偿其诉讼费用、和解费用以及判决金额等。该保险涵盖了两个部分的保障范围：第一部分保障的是当公司董事、监事以及高级管理人员的损失无法从所在公司得到补偿时，由保险机构代表所在公司对其直接进行赔偿；第二部分保障为公司补偿保险，当公司依法补偿董事、监事以及高级管理人员的损失时，保险机构会在公司的补偿范围内负责赔偿。因此，董事高管责任保险作为管理者最为纯粹的避险工具，可能会影响管理者的决策过程，继而作用于企业的经营、投资和财务等行为。其中，管理层作为企业行为决策的主要制定者，很大程度上决定了企业承担社会责任的水平。为此，基于现有文献和相关理论，我们认为董事高管责任保险对企业社会责任的影响可能存在两种对立的观点。

从监督激励层面，基于监督视角，董事高管责任保险能够履行外部监督职能，在承保前，保险公司会对承保企业进行尽职调查，综合分析管理层的购买动机、风险偏好以及专业胜任能力，对诉讼风险较高的企业设置更为严格的保险条款，抑制管理层谋取私利的可能性，从而提升公司治理水平；在保险有效期内，承保企业须依照保险合同履行如实告知义务，如果赔偿风险程度增加，保险公司有权上调保费甚至解除合同（李从刚和许荣，2020），进而降低了保险公司与承保企业之间的信息不对称程度；在出险后，保险公司对承保企业采取深度调查，核实出险原因是否属于保险承保范围，针对管理层在行使职责时所产生的错误或疏忽等不当行为进行赔付，但不承担惩罚性赔偿（N. O. Sullivan，1997；M. Boyer and L. Stern，2014），从而有利于完善公司治理体系，有效约束管理层自利行为，维护利益相关者的利益（凌士显等，2020）。依据利益相关者理论，企业是由股东、员工、供应商、客户、消费者和社会等一系列利益相关者构成的集合（顾雷雷等，2020），承担社会责任是迎合利益相关者的需求，追求社会福利最大化。因此，董事高管责任保险的外部监督效应抑制了管理层在自利动机驱使下做出有损于利益相关者的行为，从而提高了企业承担社会责任的积极性（吴德军，2016）。基于激励视角，董事高管责任保险能够降低管理者的执业风险，激发投资积极性，缓解考核和晋升压力，从而消减管理层短视问题，降低短期金融投机等机会主义行为的发生（G. Priest，1987；胡国柳和胡珺，2014）。此外，董事高管责任保险能够吸引到更多优秀的、有能力的管理者进入企业，为企业发展注入新的活力

（R. Yuan et al.，2016），从而提升人力资本水平，增加组织结构稳定性，改善公司治理效率，促进企业的长远健康发展。因此，董事高管责任保险的管理层激励效应可能会降低高管团队离职率，减少管理层短视行为，促进企业社会责任这项长期投资战略的实施，进而提升社会责任绩效水平。

基于以上分析，本章提出以下假设。

假设7-1a：购买董事高管责任保险的企业，社会责任承担水平会相对较高。

从机会主义层面，董事高管责任保险将管理层的诉讼风险部分转移到保险公司，降低了管理层的自利成本和法律的威慑效应，可能会诱发管理层的机会主义行为（N. Boubakri et al.，2008；C. Lin et al.，2011b），从而损害了其他利益相关者的利益。具体来说，一方面，保险公司发挥的监督作用并不一定能完全体现出来，表现为保险公司能否直接参与公司治理过程，是否具备全面了解和评估承保企业董监高的能力和经验（T. Baker and S. Griffith，2010）。这两点都值得怀疑。另一方面，董事高管责任保险的道德风险效应可能比监督效应更为明显，这导致董监高在投资决策时更多地考虑攫取私利（K. Li and Y. Liao，2014），原因在于：中国的法制环境还不健全，个人的违法成本相对较低，董事高管责任保险的正向治理效应可能难以有效发挥（赖黎等，2019）。大量研究发现，董事高管责任保险引发的潜在机会主义行为会给企业带来更高的贷款利差（C. Lin et al.，2013）、诉讼风险（S. Gillan and C. Panasian，2015）、审计费用（N. O. Sullivan，2009）以及权益资本成本（Z. Chen et al.，2016）。此外，股东可能通过董事高管责任保险影响管理层任职决策，驱使管理层做出更多推动短期利益最大化的投资行为（胡国柳和康岚，2014）。同时，我国企业对管理层的考核仍以经营业绩为主，追求利润至上的管理层去履行社会责任的主观意愿并不强烈，这主要归结于：虽然企业社会责任履行在促进社会公平、维护社会稳定等方面都发挥着重要作用，但需要企业"真金白银"地投入，还面临财务指标下滑的压力，价值提升的效果也需要较长时间才能显现，并且可能与自身经济利益最大化的诉求有所冲突，使得管理层在公司治理中存在结构性短视问题，而更倾向于选择预期回报率更高的短期金融资产等投资项目（孙泽宇和齐保垒，2020）。因此，董事高管责任保险对管理者行为决策的过度庇护，加剧了短视程度和机会主义行为，进而抑制了企业社会责任承担水平。

基于以上分析，本章提出以下假设。

假设 7 - 1b：购买董事高管责任保险的企业，社会责任承担水平会相对较低。

董事高管责任保险能够在事前对企业治理情况和管理者行为进行审查和风险评估、事中监督以及事后进行调查和理赔，对不当行为所造成企业价值损失可能无法获得理赔，进而促进被保险企业信息传递，约束管理层机会主义行为（J. Core，2000）。由此，董事高管责任保险通过改善信息不对称和消减代理问题来促进社会责任投资。然而，董事高管责任保险可以在发生诉讼时最大程度地降低管理者的个人责任，其风险兜底作用可能会改变管理者过去谨慎小心的投资态度，增加了盈余操纵动机，助长了管理层自利行为，从而抑制社会责任投资。因此，本章从信息效应和治理效应两方面来考察董事高管责任保险影响企业社会责任的传导机制。

董事高管责任保险的信息效应主要从正反两个方面进行分析。一方面，董事高管责任保险的信息效应具有积极作用，通过改善信息不对称促进企业社会责任投资。董事高管责任保险可以反映出企业保护投资者财富的能力，并且通过保障范围、较低的保费等自愿信息披露显示企业内部治理水平和运行情况，提升信息披露质量（C. Liou et al.，2017），进一步削弱管理层私有信息优势（董盈厚等，2021），强化企业与外部利益相关者的信息透明空间，从而创造涵盖经济、社会与环境的综合价值。此外，基于信号传递理论，董事高管责任保险通过信息外溢效应，向资本市场传递出公司治理有效性和发展前景可观的积极信号，从而增强外部投资者对企业社会责任的投资信心和认可度。另一方面，董事高管责任保险的信息效应带来负面影响，通过降低信息透明度抑制企业社会责任投资。由于董事高管责任保险对管理者的过度保护，弱化了法律诉讼的威慑效应，由此造成董事疏于监督、管理层为自身利益企图操纵会计信息或降低经营风险的警惕性，进而引起内部信息披露质量下降（I. Kim，2015；Z. Chen et al.，2016），管理层不当行为被掩盖，进一步压缩企业与利益相关者之间深度价值互惠的透明空间，从而削减企业社会责任承担水平。同时，随着信息披露透明度的降低，企业与资金供给者之间的信息不对称问题也会更加突出，导致资金供给者无法准确判断企业的信用情况和还款能力，要求其提供更多的担保品并降低借款额度，会增加融资成本和融资约束程度（陈小辉和张红伟，2021），从而削减企业社会责任投资行为。

基于以上分析，本章提出以下假设。

假设7-2a：董事高管责任保险通过提高信息透明度，进而促进企业承担社会责任。

假设7-2b：董事高管责任保险通过降低信息透明度，进而抑制企业承担社会责任。

董事高管责任保险的治理效应也从正反两个方面进行分析。一方面，董事高管责任保险具有积极的治理效应，通过降低管理者短期业绩操纵行为推动企业履行社会责任。董事高管责任保险作为外部监督者，发挥正向治理效应可以有效约束管理者的自利性行为，缓解代理冲突，促使其更多地考虑到利益相关者合法要求和长期可持续发展，从而激励企业承担社会责任。同时，董事高管责任保险可以分散管理层履职风险，减轻短期业绩考核压力，促进其按照企业价值最大化的方式进行长期战略投资，从而提高企业社会责任表现。另一方面，董事高管责任保险具有负面治理效应，通过提升短期业绩挤出社会责任投资。企业践行社会责任作为一种特殊的非经济性投资形式，追求综合效益，涵盖了经济、社会及环境效益，但由于其目标要求多样化、投资周期较长、投资回报率较低，导致整体经济效益相对较差（H. Liang and L. Renneboog，2017；J. Lee et al.，2018）。而董事高管责任作为管理层的保护伞，能够消减诉讼风险，降低违规成本，可能进一步助长了机会主义行为和道德风险问题（M. Boyer and S. Tennyson，2015），诱使管理层牺牲利益相关者的长远利益而寻求短期自身利润最大化，更倾向于将有限资源投入到期限短、预期收益高的投资项目上（A. Guariglia and P. Liu，2014）。特别是在中国资本市场，企业高管薪酬评价体系关注的是当期经济绩效，而社会责任投入会增加当期成本，收益却在未来某期才会出现，降低了短期利润（A. McWilliams and D. Siegel，2001；陈华等，2021）。因此，董事高管责任推动管理层粉饰短期业绩水平，导致价值偏离决策，在企业资源一定的条件下，挤出了社会责任这种经济效益较低的投资活动。

基于以上分析，本章提出以下假设。

假设 7 - 3a：董事高管责任保险通过弱化短期业绩，进而促进企业承担社会责任。

假设 7 - 3b：董事高管责任保险通过提升短期业绩，进而抑制企业承担社会责任。

7.3　研究设计

7.3.1　模型设计与变量定义

为检验董事高管责任保险与企业社会责任之间的关系，本章构建如下回归模型：

$$CSR_{i,t+1} = \alpha + \beta DOI_{i,t} + \gamma Controls_{i,t} + Firm_i + Year_t + \varepsilon_{i,t} \qquad (7-1)$$

其中，下标 i 表示企业，t 表示年份，CSR 表示企业社会责任得分，DOI 表示企业是否购买董事高管责任保险，$Controls$ 为企业基本特征和治理情况的控制变量，$Firm$ 为企业固定效应，$Year$ 为年份固定效应，ε 为随机误差项。为了缓解董事高管责任保险与企业社会责任之间可能的内生性问题，被解释变量（CSR）在第 $t+1$ 年取值，解释变量和控制变量则选取第 t 年的变量值。同时，为了缓解模型中可能存在的序列相关问题，对所有回归系数的标准误进行了公司层面的聚类调整。模型（7-1）中变量的度量方法如下。

1. 企业社会责任（*CSR*）

和讯网通过上市公司发布的社会责任报告以及年报，对股东责任、员工责任、供应商、客户和消费者权益责任、环境责任和社会责任这五项内容进行评测，按照不同的权重，最终得到综合评分。借鉴孟庆斌和侯粲然（2020）的做法，采用和讯网发布的社会责任总得分再除以 100 来度量企业社会责任。总得分越高，说明企业的社会责任表现情况越好。

2. 董事高管责任保险（*DOI*）

参考袁蓉丽等（2016）、贾宁等（2019）的研究，董事高管责任保险采用虚拟变量进行度量，如果企业 i 第 t 年购买了该保险，则取值为 1，否则取 0。

3. 控制变量

借鉴胡国柳等（2019）、顾雷雷等（2020）的研究，本章选取企业规模（$Size$）、上市年限（Age）、资产负债率（Lev）、盈利能力（ROA）、成长性（$Growth$）、现金流比（CF）、固定资产比（FA）、账面市值比（BM）、产权性质（SOE）、第一大股东持股比（$First$）、二职合一（$Dual$）、独立董事比（$Indep$）、董事会规模（$Board$）作为控制变量。具体定义见表 7-1。

表 7-1   主要变量定义

变量名称	变量符号	变量定义
社会责任	CSR	和讯网上市公司社会责任综合评分
董事高管责任保险	DOI	企业本年购买了该保险，取值为 1，否则取 0
企业规模	$Size$	总资产的自然对数
上市年限	Age	企业上市年限的自然对数
资产负债率	Lev	总负债/总资产
盈利能力	ROA	净利润/总资产
成长性	$Growth$	（当期营业收入 - 上期营业收入）/上期营业收入
现金流比	CF	经营活动现金流量净额/总资产
固定资产比	FA	固定资产/总资产
账面市值比	BM	总资产/总市值
产权性质	SOE	企业为国有企业，取值为 1，否则取 0
第一大股东持股比	$First$	第一大股东持股数/总股数
二职合一	$Dual$	如果董事长和总经理同为一人，取值为 1，否则取 0
独立董事比	$Indep$	独立董事人数/董事会总人数
董事会规模	$Board$	董事会总人数的自然对数

7.3.2　样本选择与数据来源

本章选取 2010~2018 年中国 A 股上市公司数据为研究样本，原因在于和讯网的社会责任数据从 2010 年开始披露，因此被解释变量的样本区间为 2010~

2019 年。社会责任数据来源于和讯网发布的上市公司社会责任报告专业评测体系，董事高管责任保险数据是通过上市公司年报、股东大会信息文件和董事会公告等途径手工搜集整理得到。其他数据均来自 CSMAR 数据库。按照研究惯例，对样本进行如下处理：（1）剔除金融行业上市公司；（2）剔除数据存在缺失的样本；（3）为了消除极端值的影响，对连续变量进行了 1% 和 99% 水平上的 Winsorize 处理。经过上述筛选，最终得到 22468 个企业 – 年度的有效观测值。

7.4　实证结果分析

7.4.1　描述性统计

表 7 – 2 为主要变量的描述性统计。从董事高管责任保险（DOI）看，其均值为 0.0571，说明大约有 5.71% 的我国上市公司选择购买董事高管责任保险，这与赖黎等（2019）的研究结果基本保持一致。企业社会责任（CSR）的均值为 0.2445，最大值为 0.7434，最小值为 – 0.0371，标准差为 0.1656，说明我国上市公司的社会责任整体表现一般，企业中存在忽视社会责任的情况。

表 7 – 2　　　　　　　　　　　描述性统计

变量	样本量	均值	标准差	最小值	最大值
CSR	22468	0.2445	0.1656	– 0.0371	0.7434
DOI	22468	0.0571	0.2321	0.0000	1.0000
Size	22468	22.0724	1.2940	19.1207	25.7975
Age	22468	2.1064	0.8327	0.0000	3.2581
Lev	22468	0.4375	0.2163	0.0526	1.0637
ROA	22468	0.0374	0.0609	– 0.3205	0.1994
Growth	22468	0.2120	0.5248	– 0.5684	3.7051
CF	22468	0.0420	0.0729	– 0.1932	0.2582

续表

变量	样本量	均值	标准差	最小值	最大值
FA	22468	0. 2230	0. 1680	0. 0022	0. 7418
BM	22468	0. 5985	0. 2415	0. 1212	1. 1141
SOE	22468	0. 4056	0. 4910	0. 0000	1. 0000
First	22468	0. 3513	0. 1521	0. 0029	0. 8999
Dual	22468	0. 2496	0. 4328	0. 0000	1. 0000
Indep	22468	0. 3730	0. 0538	0. 0000	0. 5714
Board	22468	2. 1453	0. 1985	1. 6094	2. 7081

7.4.2　基准回归结果分析

表 7 - 3 实证检验了购买董事高管责任保险对企业社会责任的影响。第（1）列只控制了企业固定效应和年份固定效应，结果发现 *DOI* 的回归系数为负，且在1%的水平上显著，这表明董事高管责任保险会显著降低企业社会责任承担水平。第（2）、第（3）列在逐步引入企业的经营特征和治理情况的控制变量后，*DOI* 的回归系数依然显著为负。因此支持了假设 7 - 1b，发现购买董事高管责任保险可能会诱发管理层机会主义行为，以牺牲企业的社会责任以及长期价值来谋取个人私利。

表 7 - 3　　　　　董事高管责任保险与企业社会责任：基准回归

变量	（1）	（2）	（3）
DOI	- 0. 0646 *** （0. 0153）	- 0. 0633 *** （0. 0146）	- 0. 0651 *** （0. 0144）
Size		0. 0393 *** （0. 0034）	0. 0390 *** （0. 0034）
Age		- 0. 0030 （0. 0049）	- 0. 0003 （0. 0050）
Lev		- 0. 0569 *** （0. 0115）	- 0. 0582 *** （0. 0115）

续表

变量	（1）	（2）	（3）
ROA		0. 1378 *** （0. 0213）	0. 1299 *** （0. 0212）
Growth		0. 0103 *** （0. 0018）	0. 0100 *** （0. 0018）
CF		0. 0736 *** （0. 0149）	0. 0733 *** （0. 0149）
FA		− 0. 0464 *** （0. 0149）	− 0. 0511 *** （0. 0148）
BM		− 0. 1176 *** （0. 0104）	− 0. 1212 *** （0. 0103）
SOE		− 0. 0143 （0. 0103）	− 0. 0134 （0. 0103）
First			0. 0851 *** （0. 0205）
Dual			− 0. 0067 * （0. 0035）
Indep			0. 0626 * （0. 0372）
Board			0. 0010 （0. 0128）
企业固定效应	Yes	Yes	Yes
年份固定效应	Yes	Yes	Yes
N	22468	22468	22468
R^2	0. 5558	0. 5728	0. 5737

注：括号中是经企业聚类稳健标准误调整的 t 值，*** 和 * 分别表示 1% 和 10% 的显著性水平。

　　控制变量方面，Size 的回归系数在 1% 水平上显著为正，说明企业规模越大，社会责任履行情况越多。Lev 的回归系数显著为负，说明企业杠杆率越高，社会责任承担水平越低。ROA 和 Growth 的回归系数显著为正，说明企业盈利能力越强，销售额增长率越高，社会责任表现越好。CF 的回归系数显著为正，说明企业现金流会促使其承担社会责任。*FA* 和 *BM* 的回归系数显著为负，说明固定资产比和账面市值比越高，企业越不愿意履行社会责任。*First* 的回归系数显著为正，说明股权集中度越高，企业承担的社会责任越多。*Dual* 的回归系数显著为负，说明二职合一不利于企业社会责任履行。*Indep* 的回归系数显著为正，说明独立董事对企业社会责任具有促进作用。

为了进一步探究董事高管责任保险对企业社会责任五个维度的影响，我们以股东责任（*Sha*）、员工责任（*Emp*）、供应商、客户和消费者权益责任（*Sup*）、环境责任（*Env*）以及社会责任（*Soc*）五个细分指标作为因变量进行回归分析。结果如表7-4所示。从第（2）至第（4）列的结果可见，*DOI* 的回归系数在1%的水平上显著为负，说明董事高管责任保险降低了企业的员工责任（*Emp*）、供应商、客户和消费者权益责任（*Sup*）以及环境责任（*Env*）。通过第（1）和第（5）列可以发现，董事高管责任保险对股东责任（*Sha*）和社会责任（*Soc*）的影响为负但统计上不显著，原因可能在于董事高管责任保险发挥了有限的监督职能，对代理问题产生一定的抑制作用，从而使管理层不能不受约束地牺牲股东利益来追求自身价值最大化。

表7-4　　　　　　　董事高管责任保险与企业社会责任细分指标

变量	(1)	(2)	(3)	(4)	(5)
	Sha	*Emp*	*Sup*	*Env*	*Soc*
DOI	-0.0031 (0.0043)	-0.0155*** (0.0032)	-0.0190*** (0.0046)	-0.0267*** (0.0058)	-0.0029 (0.0025)
Size	0.0066*** (0.0013)	0.0085*** (0.0007)	0.0095*** (0.0010)	0.0124*** (0.0012)	0.0022** (0.0009)
Age	-0.0295*** (0.0017)	0.0073*** (0.0010)	0.0116*** (0.0015)	0.0104*** (0.0018)	0.0001 (0.0012)
Lev	-0.0236*** (0.0046)	-0.0063*** (0.0023)	-0.0102*** (0.0032)	-0.0129*** (0.0037)	-0.0055* (0.0030)
ROA	0.1171*** (0.0107)	-0.0027 (0.0038)	0.0017 (0.0057)	-0.0035 (0.0064)	0.0188*** (0.0069)

续表

变量	(1)	(2)	(3)	(4)	(5)
	Sha	*Emp*	*Sup*	*Env*	*Soc*
Growth	0.0073 *** (0.0008)	0.0004 (0.0003)	0.0006 (0.0005)	−0.0003 (0.0005)	0.0021 *** (0.0006)
CF	0.0770 *** (0.0063)	−0.0023 (0.0028)	−0.0046 (0.0042)	−0.0092 ** (0.0047)	0.0140 *** (0.0049)
FA	−0.0202 *** (0.0057)	−0.0070 ** (0.0028)	−0.0069 (0.0044)	−0.0071 (0.0051)	−0.0108 *** (0.0036)
BM	−0.0446 *** (0.0035)	−0.0189 *** (0.0021)	−0.0241 *** (0.0031)	−0.0315 *** (0.0038)	−0.0035 (0.0023)
SOE	−0.0026 (0.0036)	−0.0032 * (0.0017)	−0.0035 (0.0031)	−0.0043 (0.0032)	−0.0002 (0.0029)
First	0.0451 *** (0.0076)	0.0051 (0.0039)	0.0096 (0.0059)	0.0072 (0.0067)	0.0184 *** (0.0058)
Dual	−0.0005 (0.0015)	−0.0014 ** (0.0007)	−0.0024 ** (0.0011)	−0.0019 * (0.0011)	−0.0008 (0.0010)
Indep	0.0002 (0.0116)	0.0155 ** (0.0074)	0.0115 (0.0112)	0.0107 (0.0130)	0.0244 *** (0.0091)
Board	−0.0087 ** (0.0041)	0.0037 (0.0026)	0.0037 (0.0040)	0.0032 (0.0046)	−0.0002 (0.0032)
企业固定效应	Yes	Yes	Yes	Yes	Yes
年份固定效应	Yes	Yes	Yes	Yes	Yes
N	22468	22468	22468	22468	22468
R^2	0.6162	0.5769	0.5045	0.5037	0.5159

注：括号中是经企业聚类稳健标准误调整的 t 值，*** 、 ** 和 * 分别表示 1% 、5% 和 10% 的显著性水平。

7.4.3　内生性检验

1. 工具变量法

关于企业购买董事高管责任保险的决定是管理者内部决策的结果，可能存在因果倒置问题，即企业社会责任承担水平会影响是否购买董事高管责任保险，本章尝试用工具变量法来缓解潜在的内生性问题。参考林晨等（2011b，2013）、袁蓉丽等（2018）的做法，选取行业平均参保率（*Coverage*）和独立董事的海外工作经历（*IndepFor*）作为董事高管责任保险的工具变量。行业平均参保率用行业实际参保企业与行业全部企业之比进行度量，选择其作为工具变量的原因在于：在相关性上，同行业企业往往需要相似的技术和管理人才，因而企业可能会制定相似的薪酬方案（其中包括董事高管责任保险的购买）来争取有能力和有才干的管理者（M. Adams et al.，2011）。此外，同行业企业往往面临相似的商业风险和商业周期，股东诉讼风险会反映行业发展周期。在外生性上，行业平均参保率不会直接影响到单个企业的社会责任投资行为。拥有海外工作经历的独立董事更了解董事高管责任保险的市场机制，更倾向于利用董事高管责任保险来转移自身的执业风险，因此可以预期海外工作经历的独立董事占比越高，企业购买董事高管责任保险的概率越大。但拥有海外工作经历的独立董事不太可能直接影响到企业履行社会责任行为。我们采用两阶段最小二乘法进行估计，结果如表 7 - 5 所示。第（1）和第（3）列为第一阶段的回归结果，可以看出董事高管责任保险（*DOI*）与行业平均参保率（*Coverage*）、独立董事海外经历（*IndepFor*）呈显著正相关关系，此外，Cragg - Donald Wald F 统计量的结果表明选择的工具变量不存在弱工具变量问题。第（2）和第（4）列是第二阶段的回归结果，*DOI* 的回归系数在 1% 的水平上显著为负，说明在考虑潜在的内生性问题后，购买董事高管责任保险仍然降低企业社会责任承担水平，这与前文的结论保持一致。

表 7 - 5　　　　　　　　内生性检验：工具变量回归

变量	(1) 第一阶段	(2) 第二阶段	(3) 第一阶段	(4) 第二阶段
	DOI	*CSR*	*DOI*	*CSR*
Coverage	2. 4383 *** (0. 2324)		2. 4385 *** (0. 2330)	

续表

变量	(1) 第一阶段 DOI	(2) 第二阶段 CSR	(3) 第一阶段 DOI	(4) 第二阶段 CSR
IndepFor	0.0134 *** (0.0064)		0.0138 ** (0.0064)	
DOI		-0.1757 *** (0.0426)		-0.1702 *** (0.0410)
Size			-0.0026 (0.0035)	0.0387 *** (0.0034)
Age			0.0027 (0.0052)	-0.0012 (0.0050)
Lev			-0.0159 (0.0127)	-0.0586 *** (0.0115)
ROA			-0.0238 (0.0200)	0.1291 *** (0.0214)
Growth			0.0009 (0.0012)	0.0100 *** (0.0018)
CF			-0.0048 (0.0141)	0.0738 *** (0.0151)
FA			-0.0098 (0.0123)	-0.0516 *** (0.0149)
BM			-0.0080 (0.0101)	-0.1219 *** (0.0104)
SOE			-0.0012 (0.0106)	-0.0128 (0.0100)
First			0.0483 * (0.0274)	0.0915 *** (0.0210)
Dual			-0.0016 (0.0038)	-0.0069 * (0.0035)
Indep			-0.0253 (0.0428)	0.0621 * (0.0375)

变量	（1）	（2）	（3）	（4）
	第一阶段	第二阶段	第一阶段	第二阶段
	DOI	*CSR*	*DOI*	*CSR*
Board			− 0. 0040 （0. 0145）	0. 0010 （0. 0129）
Kleibergen – Paap rk LM 统计量	55. 534 ***		55. 360 ***	
Cragg – Donald Wald F 统计量	1519. 786		1507. 580	
Hansen J 统计量	0. 100		0. 765	
企业固定效应	Yes	Yes	Yes	Yes
年份固定效应	Yes	Yes	Yes	Yes
N	22468	22468	22468	22468
R^2	0. 1291	0. 0271	0. 1242	0. 1534

注：括号中是经企业聚类稳健标准误调整的 t 值，*** 、** 和 * 分别表示 1% 、5% 和 10% 的显著性水平。

2. Heckman 二阶段法

企业选择购买董事高管责任保险，也反映了决策层的风险偏好，具有某些相似偏好的企业决策者可能是导致企业购买董事高管责任保险的一个重要因素，这可能会引起样本选择偏差所产生的内生性问题。为了缓解这一问题带来的估计偏差，我们采用 Heckman 二阶段分析法进行解决。参考凌士显等（2020）的研究，在第一阶段中，将交叉上市虚拟变量（*BH*）、企业规模（*Size*）、资产负债率（*Lev*）、上市年限（*Age*）、盈利能力（*ROA*）、成长性（*Growth*）、现金流比（*CF*）、固定资产比（*FA*）、账面市值比（*BM*）、产权性质（*SOE*）、第一大股东持股比（*First*）、二职合一（*Dual*）、独立董事比（*Indep*）、董事会规模（*Board*）作为控制变量，然后让控制变量对 *DOI* 进行 Probit 回归，并计算出逆米尔斯比（*IMR*）。在第二阶段中，将第一阶段计算出的逆米尔斯比（*IMR*）代入基准模型进行拟合。回归结果见表 7 – 6 第（1）

列。第一阶段,交叉上市会提高企业购买董事高管责任保险的可能性;第二阶段,*IMR* 的回归系数显著为负,说明董事高管责任保险的样本分布偏差确实存在,但 *DOI* 的回归系数仍在 1% 的水平上显著为负,说明董事高管责任保险与企业社会责任之间负相关关系的结论是稳健的。

表 7 - 6　　　　　　　　内生性检验:Heckman 回归与 PSM 检验

变量	(1)	(2)	(3)
	Heckman	1 : 1 matching	1 : 2 matching
DOI	- 0. 0326 **	- 0. 0553 **	- 0. 0607 ***
	(0. 0140)	(0. 0244)	(0. 0228)
IMR	- 1. 8578 ***		
	(0. 1461)		
Size	- 0. 1227 ***	0. 0486 ***	0. 0541 ***
	(0. 0132)	(0. 0129)	(0. 0101)
Age	- 0. 6792 ***	- 0. 0417	- 0. 0398
	(0. 0539)	(0. 0372)	(0. 0311)
Lev	- 0. 2850 ***	- 0. 0146	- 0. 0422
	(0. 0215)	(0. 0571)	(0. 0492)
ROA	1. 1659 ***	0. 1005	0. 1550 *
	(0. 0843)	(0. 0976)	(0. 0807)
Growth	0. 0231 ***	0. 0201 ***	0. 0170 ***
	(0. 0021)	(0. 0068)	(0. 0057)
CF	- 1. 1868 ***	0. 0891	0. 0845
	(0. 0999)	(0. 0690)	(0. 0586)
FA	0. 1930 ***	- 0. 0508	- 0. 0596
	(0. 0244)	(0. 0816)	(0. 0603)
BM	- 0. 2694 ***	- 0. 1836 ***	- 0. 1852 ***
	(0. 0156)	(0. 0437)	(0. 0337)
SOE	- 0. 3435 ***	- 0. 0640	- 0. 0283
	(0. 0282)	(0. 0413)	(0. 0362)

续表

变量	(1)	(2)	(3)
	Heckman	1∶1 matching	1∶2 matching
First	0.4666 ***	0.0061	0.0723
	(0.0367)	(0.0887)	(0.0733)
Dual	0.2010 ***	− 0.0249	− 0.0238
	(0.0170)	(0.0180)	(0.0150)
Indep	− 0.8833 ***	− 0.1273	0.0469
	(0.0845)	(0.1411)	(0.1114)
Board	− 0.0158	− 0.0457	0.0014
	(0.0127)	(0.0471)	(0.0377)
企业固定效应	Yes	Yes	Yes
年份固定效应	Yes	Yes	Yes
N	22468	1908	2769
R^2	0.5178	0.6423	0.6464

注：括号中是经企业聚类稳健标准误调整的 t 值，***、** 和 * 分别表示 1%、5% 和 10% 的显著性水平。

3. 倾向得分匹配法

购买董事高管责任保险的中国上市公司占比仅为 5.71%，最终投保的公司可能并非随机选取，而是经过保险公司筛选后留下本身经营状况良好的公司，因此，本章还采用倾向得分匹配法来控制样本选择偏差问题。由表 7 - 7 可知，控制组和实验组之间所有观测特征均拒绝了存在显著性差异的原假说，说明样本通过了平衡性假设。从图 7 - 1 可以看出，匹配后的控制组和实验组倾向得分匹配值更为接近，从而保证了两组样本匹配后具有相似的特征。PSM 具体步骤如下：首先，使用是否购买董事高管责任保险的虚拟变量与其他所有控制变量进行回归，得到样本的倾向得分；然后，针对购买董事高管责任保险的企业样本，以倾向得分是否接近为依据，从没有购买董事高管责任保险的企业样本中进行匹配，最终得到具有相似特征的两组样本。表 7 - 6 第 (2)、第 (3) 列显示了匹配后的回归结果，其中，第 (2) 列是按照 1∶1 的比例进行有放回邻近匹配，第 (3) 列是按照 1∶2 的比例进行有放回邻近匹配，可以发现，*DOI* 的回归系数均显著为负，说明在考虑样本选择偏误后，本章的结论依然成立。

表 7 - 7   平衡性检验

变量	样本	均值		t 统计量	P 值
		实验组	控制组		
Size	匹配前	23.2140	22.0030	33.37	0.000
	匹配后	23.2030	23.2330	− 0.49	0.627
Age	匹配前	2.5904	2.0770	21.68	0.000
	匹配后	2.5879	2.5669	0.95	0.343
Lev	匹配前	0.5430	0.4311	18.12	0.000
	匹配后	0.5420	0.5531	− 1.38	0.167
ROA	匹配前	0.0294	0.0379	− 4.86	0.000
	匹配后	0.0294	0.0283	0.47	0.638
Growth	匹配前	0.1802	0.2140	− 2.24	0.025
	匹配后	0.1798	0.1640	0.81	0.417
CF	匹配前	0.0510	0.0414	4.55	0.000
	匹配后	0.0508	0.0511	− 0.09	0.925
FA	匹配前	0.2538	0.2211	6.76	0.000
	匹配后	0.2540	0.2594	− 0.67	0.501
BM	匹配前	0.7198	0.5911	18.69	0.000
	匹配后	0.7187	0.7218	− 0.31	0.755
SOE	匹配前	0.7181	0.3866	23.78	0.000
	匹配后	0.7167	0.7097	0.39	0.694
First	匹配前	0.3715	0.3501	4.89	0.000
	匹配后	0.3721	0.3738	− 0.27	0.785
Dual	匹配前	0.1223	0.2574	− 10.89	0.000
	匹配后	0.1229	0.1362	− 1.00	0.317

续表

变量	样本	均值		t 统计量	P 值
		实验组	控制组		
Indep	匹配前	0.3781	0.3727	3.51	0.000
	匹配后	0.3778	0.3795	− 0.70	0.483
Board	匹配前	2.1991	2.1420	10.04	0.000
	匹配后	2.1994	2.2073	− 0.96	0.337

注: ***、**和*分别表示1%、5%和10%的显著性水平。

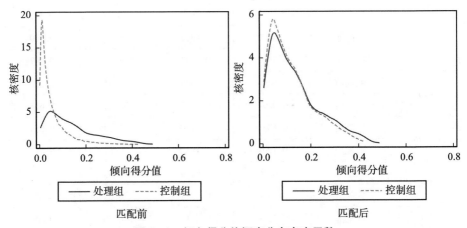

图 7 - 1   倾向得分值概率分布密度函数

7.4.4   稳健性检验

1. 替换被解释变量

参考孟庆斌和侯粲然（2020）的做法，将和讯网的企业社会责任总得分替换为企业社会责任等级（*CSRL*），A 级取值为 5，B 级取值为 4，C 级取值为 3，D 级取值为 2，E 级取值为 1，重新检验购买董事高管责任保险是否会降低企业社会责任。回归结果见表 7 - 8 第（1）列。董事高管责任保险（*DOI*）的系数对社会责任等级（*CSRL*）的回归中依然显著为负。

2. 替换解释变量

借鉴赖黎等（2019）和凌士显等（2020）的研究，将董事高管责任保险虚拟变量用保额（*Insamt*）和引入时间（*Buytime*）来替换。具体地，我们将保额取自然对数衡量，引入时间为企业购买董事高管责任保险的时间取自然对数度量。结果见表 7 - 8 第（2）、第（3）列，董事高管责任保险与企业社会责任之间的负相关关系依然成立，与基准回归结果保持一致。

3. 增加高阶固定效应

在基准回归中，我们已经控制了企业固定效应和年份固定效应，然而不能排除每个企业无法观测但一直存在的行业异质性和地区异质性对企业社会责任的影响。考虑到产业政策、行业发展周期、地方性政策以及区域经济发展水平等因素，借鉴潘越等（2020）的研究，表 7 - 8 第（4）列在模型（7 - 1）的基础上加入行业 - 年份联合固定效应，第（5）列是在第（4）列的基础之上加入省份 - 年份固定效应，可以发现，*DOI* 的回归系数基本没有发生变化，说明本章的结果并非由于行业和地区在不同年份对企业扶持力度的变化所致。

4. 安慰剂检验

在理论上，董事高管责任保险与企业社会责任之间的相关关系可能是由某些偶然因素驱动的，因此，为了保证结果的稳健性，控制样本遗漏变量可能造成的估计偏误，参考科尔纳贾和李（J. Cornaggia and J. Li, 2019）的做法，采用随机分配的董事高管责任保险虚拟变量进行安慰剂检验。具体而言，先将所有观测值中的董事高管责任保险虚拟变量提取出来，再将这些数值随机分配到每个观测值中，最后重新对模型（7 - 1）进行回归估计，回归结果见表 7 - 8 第（6）列。*DOI* 的回归系数不显著，说明董事高管责任保险与企业社会责任的负相关关系并不是由于没有观察到的局限性因素所造成的，进一步验证了结论的稳健性。

表 7 - 8　　　　　　　　　　　　稳健性检验

变量	（1）	（2）	（3）	（4）	（5）	（6）
	CSRL	CSR	CSR	CSR	CSR	CSR
DOI	-0.3008 *** （0.0606）			-0.0623 *** （0.0143）	-0.0590 *** （0.0140）	0.0008 （0.0044）
Insamt		-0.0072 * （0.0043）				
Buytime			-0.0585 *** （0.0096）			
Size	0.1067 *** （0.0129）	0.0370 *** （0.0035）	0.0381 *** （0.0034）	0.0372 *** （0.0034）	0.0362 *** （0.0033）	0.0560 *** （0.0014）
Age	0.0981 *** （0.0201）	-0.0017 （0.0050）	-0.0026 （0.0049）	0.0021 （0.0052）	0.0041 （0.0052）	-0.0066 *** （0.0015）
Lev	-0.1648 *** （0.0414）	-0.0555 *** （0.0113）	-0.0557 *** （0.0115）	-0.0578 *** （0.0113）	-0.0525 *** （0.0110）	-0.0725 *** （0.0062）
ROA	0.0942 （0.0788）	0.1387 *** （0.0216）	0.1347 *** （0.0212）	0.1311 *** （0.0211）	0.1315 *** （0.0206）	0.4788 *** （0.0214）
Growth	0.0227 *** （0.0070）	0.0093 *** （0.0019）	0.0100 *** （0.0018）	0.0093 *** （0.0018）	0.0087 *** （0.0018）	-0.0006 （0.0019）
CF	0.0630 （0.0586）	0.0736 *** （0.0150）	0.0738 *** （0.0148）	0.0724 *** （0.0150）	0.0666 *** （0.0149）	0.2052 *** （0.0161）
FA	-0.0860 （0.0568）	-0.0506 *** （0.0147）	-0.0526 *** （0.0148）	-0.0500 *** （0.0149）	-0.0471 *** （0.0147）	-0.0801 *** （0.0068）
BM	-0.4000 *** （0.0427）	-0.1121 *** （0.0105）	-0.1202 *** （0.0103）	-0.1109 *** （0.0102）	-0.1096 *** （0.0101）	-0.0937 *** （0.0066）
SOE	-0.0259 （0.0388）	-0.0116 （0.0103）	-0.0140 （0.0104）	-0.0154 （0.0103）	-0.0177 * （0.0105）	0.0170 *** （0.0027）
First	0.2290 *** （0.0795）	0.0864 *** （0.0206）	0.0865 *** （0.0205）	0.0847 *** （0.0206）	0.0836 *** （0.0204）	0.0329 *** （0.0074）
Dual	-0.0180 （0.0138）	-0.0065 * （0.0035）	-0.0070 ** （0.0035）	-0.0069 ** （0.0035）	-0.0042 （0.0035）	-0.0061 *** （0.0023）

续表

变量	（1）	（2）	（3）	（4）	（5）	（6）
	CSRL	*CSR*	*CSR*	*CSR*	*CSR*	*CSR*
Indep	0.2210 (0.1478)	0.0586 (0.0371)	0.0600 (0.0369)	0.0600 (0.0367)	0.0504 (0.0368)	0.0307 (0.0236)
Board	0.0015 (0.0522)	0.0008 (0.0130)	-0.0014 (0.0128)	-0.0005 (0.0127)	0.0007 (0.0126)	0.0086 (0.0066)
企业固定效应	Yes	Yes	Yes	Yes	Yes	Yes
年份固定效应	Yes	Yes	Yes	No	No	Yes
行业-年份固定效应	No	No	No	Yes	Yes	No
省份-年份固定效应	No	No	No	No	Yes	No
N	22468	21356	22468	22468	22468	22422
R^2	0.4787	0.5758	0.5754	0.5825	0.5992	0.2758

注：括号中是经企业聚类稳健标准误调整的 t 值，*** 、** 和 * 分别表示 1%、5% 和 10% 的显著性水平。

7.5　拓展性分析

7.5.1　影响机制分析

1. 降低信息透明度

现有研究发现，分析师可以通过缓解内外部信息不对称问题以及向企业施加压力来提升社会责任绩效（M. Jensen and W. Meckling，1976）。而董事高管责任保险会削弱法律诉讼的威慑效应，转移管理者的自利成本，可能降低负面信息的曝光率，增加分析师收集和评估真实信息的成本，从而减少分析师对企业的跟踪度，助长管理者实施更多的机会主义行为，使其通过社会责任投资来遮蔽或转移不当行为的动机被抑制，从而降低企业社会责任履行程度。董事高管责任保险通过削弱法律诉讼的威慑效应以及对管理者的"过度庇护"，诱发其操纵企业内部信息、攫取更多私人利益的可能性，并会降低信息透明度，加剧融资约束程度，掩盖管理层不当行为，从而抑制企业承担社会责任。借鉴李林木和汪冲（2017）、余泳泽等（2020）的研究，在回归方法上选择工具变量法，原因在于缓解核心解释变量与中介变量之间的内生性问题，并保证存在内生性时的一致性估计。为了进一步验证董事高管责任保险影响企业社会责任的作用机制，本章使用中介效应模型，具体设定如下：

$$Info_{i,t} = \alpha_0 + \alpha_1 DOI_{i,t} + \alpha_2 Controls_{i,t} + Firm_i + Year_t + \varepsilon_{i,t} \qquad (7-2)$$

$$CSR_{i,t+1} = \beta_0 + \beta_1 DOI_{i,t} + \beta_2 Info_{i,t} + \beta_3 Controls_{i,t} + Firm_i + Year_t + \varepsilon_{i,t}$$

$$(7-3)$$

其中，$Info$ 为中介变量，即董事高管责任保险的信息效应，具体地，借鉴孔东民等（2021）的做法，我们使用关注企业的分析师数量（Ana）和关注企业的报告数量（$Report$）取自然对数两个指标进行衡量，其值越高，说明企业信息不对称程度越低。模型中其他变量定义与模型（7-1）一致。

　　表7-9是信息效应的机制检验结果，从第（1）、第（3）列可以看出，购买董事高管责任保险显著降低了分析师对企业的关注度，加剧了信息不对称问题。第（2）和第（4）列将董事高管责任保险和分析师数量、报告数量指标同时放入模型中作为解释变量，发现分析师和报告数量与企业社会责任之间呈显著的正相关关系，而董事高管责任保险与企业社会责任之间仍是显著的负相关关系。上述结果验证了董事高管责任保险通过降低分析师关注度、恶化信息环境，抑制管理者为掩盖不当行为而承担企业社会责任的动机。上述结论验证了假设7-2b。

表7-9	机制检验：信息透明度			
变量	(1)	(2)	(3)	(4)
	Ana	CSR	$Report$	CSR
DOI	-0.4013 **	-0.1663 ***	-0.4104 *	-0.1673 ***
	(0.1930)	(0.0407)	(0.2460)	(0.0409)
Ana		0.0097 ***		
		(0.0016)		

续表

变量	（1）	（2）	（3）	（4）
	Ana	CSR	Report	CSR
Report				0.0071 *** （0.0012）
Size	0.7801 *** （0.0208）	0.0311 *** （0.0036）	0.9635 *** （0.0260）	0.0319 *** （0.0036）
Age	− 0.7077 *** （0.0275）	0.0057 （0.0052）	− 0.7243 *** （0.0335）	0.0039 （0.0051）
Lev	− 0.4503 *** （0.0694）	− 0.0542 *** （0.0114）	− 0.5236 *** （0.0865）	− 0.0549 *** （0.0115）
ROA	2.0058 *** （0.1323）	0.1095 *** （0.0214）	2.5768 *** （0.1652）	0.1108 *** （0.0215）
Growth	− 0.0104 （0.0096）	0.0101 *** （0.0018）	− 0.0034 （0.0124）	0.0100 *** （0.0018）
CF	0.0135 （0.0817）	0.0737 *** （0.0150）	0.0384 （0.1025）	0.0735 *** （0.0150）
FA	− 0.2600 *** （0.0921）	− 0.0491 *** （0.0148）	− 0.3015 *** （0.1135）	− 0.0495 *** （0.0148）
BM	− 1.8848 *** （0.0549）	− 0.1035 *** （0.0109）	− 2.3014 *** （0.0682）	− 0.1056 *** （0.0109）
SOE	− 0.1077 * （0.0597）	− 0.0118 （0.0099）	− 0.1283 * （0.0743）	− 0.0119 （0.0100）
First	− 0.0265 （0.1293）	0.0918 *** （0.0208）	0.0108 （0.1606）	0.0915 *** （0.0208）
Dual	0.0103 （0.0219）	− 0.0070 ** （0.0035）	0.0043 （0.0270）	− 0.0069 * （0.0035）
Indep	0.0679 （0.2044）	0.0615 （0.0374）	0.0547 （0.2459）	0.0617 * （0.0375）
Board	0.0811 （0.0719）	0.0002 （0.0129）	0.0940 （0.0870）	0.0003 （0.0129）

续表

变量	(1)	(2)	(3)	(4)
	Ana	*CSR*	*Report*	*CSR*
企业固定效应	Yes	Yes	Yes	Yes
年份固定效应	Yes	Yes	Yes	Yes
N	22468	22468	22468	22468
R^2	0.4172	0.1617	0.4249	0.1594

注：括号中是经企业聚类稳健标准误调整的 t 值，***、** 和 * 分别表示 1%、5% 和 10% 的显著性水平。

2. 提升短期业绩

董事高管责任保险的风险兜底效应可能为管理者实施自利行为提供便利条件，加剧以逐利为目的的金融资产投资，在短期内能够促进业绩提升，但由于企业内部资源的稀缺性，从而挤占了经济效益较低的社会责任投资水平（顾雷雷等，2020；段军山和庄旭东，2021）。短期业绩机制与信息环境机制的检验方法类似，将模型（7-2）、模型（7-3）中信息透明度 *Info* 替换成短期业绩 *SPer* 重新进行检验。参考金等（J. Kim et al.，2011）、杜勇等（2019b）的研究，企业金融化（*FIN*）采用金融资产与总资产之比，其比值越高，说明企业金融资产配置比例越高，其中，金融资产包括交易性金融资产、衍生金融资产、发放贷款及垫款净额、可供出售金融资产、持有至到期投资和投资性房地产。考虑到企业通过避税节省税收支出可以增加内部现金流，提升短期业绩水平（王勇和芦雪瑶，2022），提出避税程度（*BTD*）的具体计算方法：（利润总额 −（所得税费用 − 递延所得税费用）/名义所得税率）/总资产，其值越大，说明企业的避税程度越严重。

短期业绩机制的回归结果如表 7-10 所示。从第（1）、第（3）列可以看出，购买董事高管责任保险与金融资产投资水平、避税程度之间呈显著的正相关关系。第（2）、第（4）列将董事高管责任保险和金融化、避税指标同时放入模型中作为解释变量对企业社会责任进行回归，可以发现，*DOI* 的回归系数显著为负，而 *FIN* 和 *BTD* 的回归系数均显著为负，说明董事高管责任保险通过提高金融资产配置比例，增加避税程度，美化短期业绩水平，进而抑制企业为实现股东价值增值而承担社会责任的动机，验证了假设 7 - 3b。

表 7 - 10　　　　　　　　　　机制检验：短期业绩

变量	(1)	(2)	(3)	(4)
	FIN	CSR	BTD	CSR
DOI	0. 0698 *** (0. 0202)	- 0. 1678 *** (0. 0408)	0. 0115 ** (0. 0058)	- 0. 1623 *** (0. 0405)
FIN		- 0. 0345 * (0. 0197)		
BTD				- 0. 2843 *** (0. 0446)
Size	0. 0021 (0. 0019)	0. 0387 *** (0. 0034)	- 0. 0005 (0. 0008)	0. 0393 *** (0. 0034)
Age	0. 0414 *** (0. 0024)	0. 0003 (0. 0051)	0. 0115 *** (0. 0009)	0. 0028 (0. 0050)
Lev	- 0. 0097 (0. 0067)	- 0. 0589 *** (0. 0115)	0. 0022 (0. 0029)	- 0. 0586 *** (0. 0115)
ROA	0. 0086 (0. 0127)	0. 1294 *** (0. 0214)	0. 6469 *** (0. 0096)	0. 3108 *** (0. 0384)
Growth	- 0. 0045 *** (0. 0009)	0. 0098 *** (0. 0018)	- 0. 0035 *** (0. 0005)	0. 0090 *** (0. 0019)
CF	0. 0077 (0. 0070)	0. 0740 *** (0. 0151)	- 0. 0447 *** (0. 0043)	0. 0622 *** (0. 0151)
FA	- 0. 0225 *** (0. 0081)	- 0. 0524 *** (0. 0149)	0. 0049 (0. 0032)	- 0. 0523 *** (0. 0148)
BM	- 0. 0089 * (0. 0048)	- 0. 1222 *** (0. 0104)	0. 0289 *** (0. 0022)	- 0. 1129 *** (0. 0103)
SOE	- 0. 0107 * (0. 0062)	- 0. 0132 (0. 0100)	0. 0008 (0. 0022)	- 0. 0115 (0. 0101)
First	- 0. 0185 * (0. 0099)	0. 0909 *** (0. 0210)	- 0. 0056 (0. 0047)	0. 0896 *** (0. 0209)

变量	(1)	(2)	(3)	(4)
	FIN	*CSR*	*BTD*	*CSR*
Dual	−0.0013 (0.0019)	−0.0069* (0.0035)	−0.0007 (0.0008)	−0.0069* (0.0035)
Indep	0.0070 (0.0165)	0.0624* (0.0375)	−0.0046 (0.0081)	0.0601 (0.0374)
Board	−0.0069 (0.0066)	0.0007 (0.0129)	0.0008 (0.0027)	0.0022 (0.0130)
企业固定效应	Yes	Yes	Yes	Yes
年份固定效应	Yes	Yes	Yes	Yes
N	22468	22468	22400	22400
R^2	0.1078	0.1551	0.5108	0.1739

注：括号中是经企业聚类稳健标准误调整的 t 值，***、** 和 * 分别表示 1%、5% 和 10% 的显著性水平。

7.5.2　调节效应分析

前文已经证实了董事高管责任保险会诱发管理层实施更多机会主义行为，降低企业社会责任。本节将从内部治理和外部治理的视角，进一步考察在不同的治理水平下，董事高管责任保险对企业社会责任的异质性影响。

表 7 - 11 第（1）、第（2）列报告了董事高管责任保险对产权性质不同的企业社会责任的异质性影响。借鉴侯青川等（2015）的研究，相比于非国有企业，国有企业的所有者缺位问题造成所有权与控制权的分离度更高，股东与管理层之间的利益冲突更多，代理问题更为严重。从第（1）、第（2）列可以发现，在国有企业的样本组中，*DOI* 的回归系数在 1% 水平上显著为负，而在非国有企业的样本组中，其回归系数为负，但并不显著，说明相比于非国有企业，董事高管责任保险对企业社会责任的负效应在国有企业更为明显。

表 7 - 11 第（3）、第（4）列给出了董事高管责任保险对管理层持股比不同的企业社会责任的异质性影响。参考李建军和韩珣（2019）的研究，在管

理层持股较多的企业中，管理层的个人财富与企业业绩息息相关，因此其能有效缓解代理问题，一定程度上实现了管理层与股东的利益一致性。具体地，我们将管理层持股比高于同年度同行业的中位数，则将其认定为内部治理效率较高的企业，取值为 1，否则取 0。第（3）、第（4）列显示出 DOI 的回归系数在管理层持股比高的样本组不显著，而在管理层持股比低的样本组显著为负，说明相比于管理层持股比高的企业，董事高管责任保险对企业社会责任的负面影响在管理层持股比低的企业更为明显，可以发现公司治理机制对董事高管责任保险的机会主义行为发挥了一定的约束作用。

表 7 - 11　　　　　　　　　基于产权性质和管理层持股的调节作用

变量	（1）国有企业	（2）非国有企业	（3）管理层持股高	（4）管理层持股低
DOI	- 0. 0723 *** (0. 0181)	- 0. 0117 (0. 0198)	- 0. 0106 (0. 0217)	- 0. 0773 *** (0. 0179)
$Size$	0. 0554 *** (0. 0068)	0. 0198 *** (0. 0040)	0. 0228 *** (0. 0051)	0. 0397 *** (0. 0053)
Age	- 0. 0414 *** (0. 0129)	- 0. 0004 (0. 0055)	0. 0159 ** (0. 0062)	- 0. 0274 *** (0. 0103)
Lev	- 0. 0592 *** (0. 0229)	- 0. 0448 *** (0. 0126)	- 0. 0587 *** (0. 0161)	- 0. 0382 ** (0. 0178)
ROA	0. 1775 *** (0. 0450)	0. 1043 *** (0. 0231)	0. 1090 *** (0. 0293)	0. 0974 *** (0. 0319)
$Growth$	0. 0086 *** (0. 0031)	0. 0106 *** (0. 0023)	0. 0089 *** (0. 0027)	0. 0075 *** (0. 0025)
CF	0. 0641 ** (0. 0261)	0. 0662 *** (0. 0175)	0. 0991 *** (0. 0202)	0. 0541 ** (0. 0220)
FA	- 0. 0545 ** (0. 0256)	- 0. 0479 *** (0. 0171)	- 0. 0624 *** (0. 0200)	- 0. 0442 * (0. 0228)
BM	- 0. 1528 *** (0. 0188)	- 0. 0788 *** (0. 0117)	- 0. 1044 *** (0. 0140)	- 0. 1275 *** (0. 0160)

续表

变量	（1）	（2）	（3）	（4）
	国有企业	非国有企业	管理层持股高	管理层持股低
SOE			−0.0117 (0.0179)	−0.0057 (0.0143)
First	0.0647 * (0.0373)	0.1119 *** (0.0256)	0.1216 *** (0.0315)	0.0623 * (0.0324)
Dual	−0.0109 (0.0079)	−0.0032 (0.0038)	−0.0084 * (0.0044)	−0.0042 (0.0057)
Indep	0.0590 (0.0594)	0.0724 * (0.0435)	0.0472 (0.0493)	0.0647 (0.0548)
Board	0.0061 (0.0220)	−0.0041 (0.0154)	−0.0183 (0.0165)	0.0176 (0.0196)
企业固定效应	Yes	Yes	Yes	Yes
年份固定效应	Yes	Yes	Yes	Yes
R^2	9079	13337	11080	11102
N	0.5938	0.5614	0.6422	0.5782

注：括号中是经企业聚类稳健标准误调整的 t 值，*** 、** 和 * 分别表示 1%、5% 和 10% 的显著性水平。

表 7 - 12 第（1）、第（2）列报告了在不同审计质量下，董事高管责任保险对企业社会责任的差异化影响。借鉴李姝等（2018）的研究，由于规模大、声誉高的审计机构更有能力发现和反映企业财务报告中出现的问题，能够抑制管理层机会主义行为的发生。具体地，如果企业选择的审计机构是国际四大会计师事务所，则将其认定为外部治理水平较高的企业，取值为 1，否则取 0。第（1）列的结果表明，当负责审计的机构是"四大"会计师事务时，DOI 的回归系数为负但不显著，说明企业良好的外部治理水平可以有效抑制董事高管责任保险对企业社会责任的负向作用。而第（2）列的结果表明，当负责审计的机构是非"四大"会计师事务时，DOI 的回归系数在 1% 水平上显著为负，说明较低的外部治理水平会加剧董事高管责任保险对企业社会责任的负效应。

表 7 - 12 第（3）、第（4）列给出了在不同市场化程度下，董事高管责任

保险对企业社会责任的差异化影响。参考何瑛等（2019b）的研究，市场化程度通常能够发挥一定的外部治理效应，抑制管理者的高风险性行为，降低代理成本。依据王小鲁和樊纲编写的《中国分省份市场化指数报告》（2018），该报告只公布了 2008～2016 年的市场化指数，因而使用历年市场化指数的平均增长幅度来预测 2017～2018 年的相关数据（马连福等，2015），如果企业所处地区市场化程度高于同年度同行业的中位数，则将其认定为外部治理水平较高的企业，取值为 1，否则取 0。从第（3）、第（4）列可以看出，*DOI* 的回归系数均显著为负，然而市场化程度高的解释变量系数的绝对值（0.0556）小于市场化程度低的企业（0.0942），表明在市场化程度高的企业，董事高管责任保险对企业社会责任的负向作用较为有限。

综上，本节分别从内部治理（产权性质和管理层持股）和外部治理（审计质量和市场化程度）两个方面考察董事高管责任保险对企业社会责任的影响，结果发现董事高管责任保险对企业社会责任的负向作用在代理问题更严重、治理效果更差的企业中更为显著，而内外部治理水平更高的企业可以有限地约束管理层道德风险和机会主义对企业社会责任的不利冲击，但本章的主要结论没有发生变化，从侧面论证了基本结论的稳健性。

表 7 - 12　　　　　　　　基于审计质量和市场化程度的调节作用

变量	（1）审计质量高	（2）审计质量低	（3）市场化程度高	（4）市场化程度低
DOI	- 0.0294 (0.0276)	- 0.0320 ** (0.0158)	- 0.0556 *** (0.0190)	- 0.0942 *** (0.0245)
Size	0.0669 ** (0.0258)	0.0336 *** (0.0035)	0.0358 *** (0.0054)	0.0410 *** (0.0047)
Age	- 0.0446 (0.0362)	- 0.0000 (0.0049)	0.0119 * (0.0070)	- 0.0087 (0.0074)
Lev	- 0.1043 (0.1023)	- 0.0501 *** (0.0113)	- 0.0511 *** (0.0182)	- 0.0593 *** (0.0146)
ROA	0.3325 (0.2116)	0.1337 *** (0.0211)	0.0925 *** (0.0311)	0.1368 *** (0.0291)

变量	(1)	(2)	(3)	(4)
	审计质量高	审计质量低	市场化程度高	市场化程度低
$Growth$	−0.0216 * (0.0122)	0.0107 *** (0.0018)	0.0101 *** (0.0031)	0.0096 *** (0.0023)
CF	0.2025 * (0.1214)	0.0644 *** (0.0147)	0.0715 *** (0.0216)	0.0665 *** (0.0216)
FA	0.0794 (0.0980)	−0.0534 *** (0.0147)	−0.0710 *** (0.0228)	−0.0336 (0.0210)
BM	−0.1683 *** (0.0487)	−0.1079 *** (0.0105)	−0.1100 *** (0.0143)	−0.1336 *** (0.0157)
SOE	−0.0110 (0.0589)	−0.0112 (0.0104)	−0.0018 (0.0187)	−0.0258 ** (0.0125)
$First$	0.0022 (0.1245)	0.0999 *** (0.0205)	0.0952 *** (0.0320)	0.0651 ** (0.0265)
$Dual$	−0.0300 (0.0232)	−0.0058 * (0.0035)	−0.0005 (0.0050)	−0.0087 * (0.0051)
$Indep$	0.0410 (0.1230)	0.0547 (0.0364)	0.0913 (0.0567)	0.0413 (0.0519)
$Board$	0.0580 (0.0510)	−0.0091 (0.0129)	0.0042 (0.0199)	0.0006 (0.0182)
企业固定效应	Yes	Yes	Yes	Yes
年份固定效应	Yes	Yes	Yes	Yes
R^2	1236	21195	11049	11012
N	0.6584	0.5656	0.5968	0.5860

注：括号中是经企业聚类稳健标准误调整的 t 值，*** 、** 和 * 分别表示 1%、5% 和 10% 的显著性水平。

7.5.3　长期效应分析

企业购买董事高管责任保险会降低社会责任承担水平是短期行为还是长期行为，有待进一步分析。我们使用第 $t+2$ 期至第 $t+4$ 期的企业社会责任进行回归，结果如表 7 – 13 所示。从第（1）列至第（3）列可以看出，无论是在 $t+2$ 期、$t+3$ 期还是 $t+4$ 期，DOI 的回归系数均显著为负，说明购买董事高管责任保险会降低企业社会责任承担水平。这在一定程度上反映了企业在购买董事高管责任保险后采取的降低社会责任行为是一项长期决策而非短期行为。

表 7 – 13　董事高管责任保险与企业社会责任：短期行为还是长期行为

变量	(1)	(2)	(3)
	CSR_{t+2}	CSR_{t+3}	CSR_{t+4}
DOI	– 0. 0704 ***	– 0. 0486 **	– 0. 0399 **
	(0. 0182)	(0. 0193)	(0. 0187)
Size	0. 0140 ***	– 0. 0085 *	– 0. 0135 **
	(0. 0040)	(0. 0045)	(0. 0053)
Age	– 0. 0066	– 0. 0122 *	– 0. 0113 *
	(0. 0057)	(0. 0063)	(0. 0067)
Lev	– 0. 0330 **	– 0. 0017	– 0. 0000
	(0. 0134)	(0. 0152)	(0. 0175)
ROA	0. 1056 ***	– 0. 0126	– 0. 0706 *
	(0. 0292)	(0. 0318)	(0. 0384)
Growth	0. 0114 ***	0. 0074 ***	– 0. 0011
	(0. 0018)	(0. 0021)	(0. 0024)
CF	0. 0527 ***	0. 0475 **	0. 0253
	(0. 0173)	(0. 0193)	(0. 0209)
FA	– 0. 0155	– 0. 0016	– 0. 0007
	(0. 0171)	(0. 0186)	(0. 0199)
BM	– 0. 1006 ***	– 0. 0612 ***	– 0. 0455 ***
	(0. 0116)	(0. 0129)	(0. 0131)
SOE	– 0. 0189	– 0. 0185	– 0. 0252 *
	(0. 0120)	(0. 0127)	(0. 0147)
First	0. 0731 ***	0. 0596 **	0. 0720 **
	(0. 0238)	(0. 0268)	(0. 0301)

续表

变量	(1)	(2)	(3)
	CSR_{t+2}	CSR_{t+3}	CSR_{t+4}
Dual	-0.0012 (0.0041)	0.0016 (0.0047)	-0.0013 (0.0056)
Indep	0.0485 (0.0421)	0.0193 (0.0443)	-0.0328 (0.0448)
Board	0.0098 (0.0146)	0.0139 (0.0152)	0.0134 (0.0164)
企业固定效应	Yes	Yes	Yes
年份固定效应	Yes	Yes	Yes
N	18739	15552	12469
R^2	0.5628	0.5521	0.5367

注：括号中是经企业聚类稳健标准误调整的 t 值，*** 、 ** 和 * 分别表示 1%、5% 和 10% 的显著性水平。

既然已经证实了董事高管责任保险降低企业社会责任的表现是一项长期行为，那么这种降低企业社会责任的长期行为所产生经济后果又是如何？我们采用托宾 Q（TobinQ）来衡量企业价值，计算公式为：（流通股股数 × 每股价格 + 非流通股股数 × 每股净资产 + 总负债）/总资产，其取值越大，说明企业价值水平越高；应用年个股回报率（Return）来反映企业的资本市场表现，回报率越高，说明企业的市场表现越好；使用总资产收益率（ROA）来衡量企业的盈利能力，其取值越大，说明企业盈利能力越强。同时，我们将企业社会责任设定为虚拟变量（DCSR），如果社会责任得分高于同年度同行业的中位数，则取值为 1，否则取 0。回归结果如表 7 - 14 所示。从第（1）列至第（3）列可以发现，董事高管责任保险（DOI）与企业社会责任（DCSR）的交乘项（DOI×DCSR）均显著为负，说明企业在购买董事高管责任保险后的降低社会责任履行可能是一种长期行为，最终损害了企业价值、市场表现以及盈利能力，因而有效约束购买董事高管责任保险后的管理层机会主义行为，提升社会责任承担水平，有利于企业的可持续发展。

表 7 - 14　　　　　　　　**董事高管责任保险、企业社会责任与经济后果**

变量	(1) TobinQ	(2) Return	(3) ROA
DOI × DCSR	- 0. 1699 ** (0. 0863)	- 0. 0727 ** (0. 0287)	- 0. 0098 ** (0. 0043)
DOI	0. 0161 (0. 1085)	0. 0787 *** (0. 0284)	0. 0025 (0. 0052)
DCSR	- 0. 0130 (0. 0276)	0. 0017 (0. 0081)	0. 0098 *** (0. 0011)
Size	0. 4729 ** (0. 2074)	0. 2306 *** (0. 0306)	- 0. 0215 *** (0. 0065)
Age	- 0. 8225 *** (0. 0511)	- 0. 1057 *** (0. 0150)	- 0. 0238 *** (0. 0018)
Lev	- 0. 4562 *** (0. 0664)	- 0. 0664 *** (0. 0094)	- 0. 0033 * (0. 0017)
ROA	1. 8925 *** (0. 3687)	0. 5723 *** (0. 0695)	
Growth	0. 1687 *** (0. 0242)	0. 0540 *** (0. 0069)	0. 0109 *** (0. 0011)
CF	- 0. 0654 (0. 2886)	0. 2030 *** (0. 0511)	0. 0525 *** (0. 0099)
FA	- 0. 2827 (0. 1772)	- 0. 0179 (0. 0256)	- 0. 0034 (0. 0057)
BM	- 1. 2885 *** (0. 2385)	0. 0968 ** (0. 0389)	- 0. 0134 (0. 0082)
SOE	0. 4241 ** (0. 1913)	0. 2071 *** (0. 0512)	0. 0990 *** (0. 0084)
First	0. 0954 (0. 1455)	- 0. 0077 (0. 0306)	- 0. 0034 (0. 0052)
Dual	0. 7111 * (0. 3693)	- 0. 0418 (0. 0921)	- 0. 0003 (0. 0147)

续表

变量	(1) TobinQ	(2) Return	(3) ROA
Indep	-0.0208 (0.0443)	0.0079 (0.0108)	0.0015 (0.0019)
Board	-5.0757 *** (0.1082)	-0.3060 *** (0.0252)	-0.0604 *** (0.0040)
企业固定效应	Yes	Yes	Yes
年份固定效应	Yes	Yes	Yes
N	22468	17969	22468
R^2	0.7265	0.6334	0.4552

注：括号中是经企业聚类稳健标准误调整的 t 值，***、** 和 * 分别表示 1%、5% 和 10% 的显著性水平。

7.6　本章小结

董事高管责任保险可以保护管理者的不当行为免受经济惩罚，因此会影响企业决策以及绩效，但目前学术界关于该保险是发挥监督激励效应还是诱发机会主义行为一直存在争议。本章以 2010～2019 年中国 A 股上市公司为样本，考察了董事高管责任保险对企业社会责任的影响。研究发现，董事高管责任保险的影响主要体现在诱发管理层机会主义行为，并导致企业的社会责任承担水平下降。作用机制方面，董事高管责任保险主要通过降低信息透明度和美化短期业绩水平，进而抑制企业承担社会责任。调节效应方面，相对于其他企业，在国有企业、管理层持股比低、非"四大"会计师事务所审计和市场化程度低的企业中，董事高管责任保险对企业社会责任的负效应更为显著。此外，购买董事高管责任保险所带来的减少企业社会责任履行是一种长期行为，会损害企业的价值创造、市场表现以及盈利能力。

基于本章的研究结论，主要得到以下四点启示：第一，对于监管部门来说，应进一步建立健全社会法制环境和法律制度，提高个人违法成本，培养社会责任意识，完善社会责任信息披露体系，促进经济社会的和谐有序发展；第二，对于保险公司来说，作为外部监督机构，应扮演好外部监督治理角色，缓解管理层短视，消减代理人问题，同时，充分认识和规范董事高管责任保险这一产品，设计保险条款的时候应结合中国国情，尽可能防止管理层道德风险问题的发生；第三，对于企业来说，针对董事高管责任保险所诱发的机会主义行为而产生的不利经济后果，企业内部应充分评估认购该保险给企业所带来的价值与风险，同时，进一步完善内部治理体系，发挥大股东和独立董事的监督职能，提升对机会主义的治理效率；第四，对于管理者个人来说，在追求自身利益的同时，也应为利益相关者创造经济、社会与环境的综合价值，增强管理者社会责任意识，降低其在信息披露中的参与度，避免因采取短视行为和自利活动而损害企业可持续发展。

第 8 章 结论与展望

8.1 研究结论

本书利用中国 A 股上市公司的微观数据，实证分析了董事高管责任保险对企业行为的影响，依次选取了整体层面的企业战略选择行为以及具体层面的企业金融化行为、创新行为和社会责任行为，可以得出以下主要结论。

（1）董事高管责任保险显著提升了企业战略激进度，分析其作用机制可以发现，董事高管责任保险通过增加风险承担、缓解融资约束，进而提升企业战略激进度。此外，董事高管责任保险会引起管理层自利效应，增加其实施机会主义行为的动机和条件，进而影响企业战略。这部分结论表明董事高管责任保险激励管理者进行风险投资，可能并没有为企业带来有价值的项目，反而可能因其自利行为损害企业价值。

（2）董事高管责任保险存在"金融化效应"，显著提高了企业金融资产配置水平。进一步地，基于融资约束和外部监督两个视角来识别企业金融化动机，发现董事高管责任保险的"金融化效应"只在融资约束程度较高、外部监督力度较弱的企业中存在，进一步证实了企业金融化行为更多的是出于"投资替代"动机，而非"蓄水池"动机。这部分结论表明董事高管责任保险作为管理者重要的避险工具，转移了管理者的诉讼风险，降低了法律的威慑效应，促使其为了谋取短期超额收益进行金融资产投资，而不是为了发展主业储备资金。

（3）董事高管责任保险对企业实质性创新具有阻碍作用，对策略性创新具有促进作用。同时，我们在考虑法律环境、行业竞争和管理者特征等内外因素后发现，当企业所在地区投资者保护水平较高、行业竞争程度较激烈、管理者中女性占比较高以及有"大饥荒"经历时，董事高管责任保险对实质性创新的阻碍作用更为显著。这部分结论表明董事高管责任保险让管理者更可能出于自利动机，考虑到个人声誉或业绩表现，采取更加隐蔽的机会主义渠道，只是表面上提高了企业的创新产出，但实际上没有产生真正高质量的创新成果，这不利于企业的高质量发展。

（4）董事高管责任保险显著降低了企业的社会责任承担水平，支持了机会主义假说。分析其作用机制可以发现，董事高管责任保险主要通过加剧信息不对称和粉饰短期业绩，进而减少社会责任履行。当我们考察内部治理和外部治理的调节效应后发现，在国有企业、管理层持股比低、非"四大"会计师事务所审计以及市场化程度低的企业中，董事高管责任保险对企业社会责任的负效应更为明显。此外，购买董事高管责任保险所带来的减少企业社会责任履行是一种长期行为，会损害企业的价值创造、市场表现以及盈利能力。这部分结论表明董事高管责任保险诱发管理层增加的风险性投资行为并没有用于企业社会责任履行方面，管理者为了谋取私利，可能集中资源去做高表面和短期的企业业绩，而减少长期社会责任投资。

综合上述研究结果，可以发现：在中国资本市场中，董事高管责任保险助长了管理者的机会主义行为，而积极治理作用有限，企业购买董事高管责任保险更多的是作为管理层的"自利工具"而非企业的"治理利器"。从整体层面上看，董事高管责任保险可以显著提高企业战略激进度。在上述战略的指导下，董事高管责任保险能够促使管理层有选择地进行高风险的投资项目，具体来说，管理层通过增加企业金融资产配置、提高策略性创新产出和降低实质性创新产出、减少社会责任履行等投资路径调整企业战略。这些调整与提振实体经济、推动技术进步以及承担社会责任的发展理念相背离，并不利于企业价值创造、产业转型升级以及经济高质量可持续发展。本书的主要结论丰富了董事高管责任保险在新兴市场中经济后果的相关研究，为相关监管部门治理董事高管责任保险市场提供了决策参考。

8.2 研究启示

在经济转向高质量发展阶段的大背景下，企业作为国民经济的基本单位，是提升社会生产力的核心力量，研究结果表明董事高管责任保险对企业发展存在负面效应。因此，对政府部门、保险机构、企业以及投资者都具有一定启示。

（1）政府监管层面。一方面，要营造良好的法治环境，增强公民的法律意识，提高个人的违法成本，监管部门可以考虑完善与董事高管责任保险相关的配套措施；建立健全信息披露制度，目前上市公司购买董事高管责任保险的相关信息属于自愿披露的范畴，但管理层出于自利动机造成企业隐瞒内部信息或传递虚假信息掩饰实情，监管部门可以考虑进一步明确企业信息披露的标准，提高信息披露质量。另一方面，要从根本上解决经济"脱实向虚"的问题，政府部门通过减税降费等多种方式减轻企业运营成本和交易成本、提升企业主营业务利润率和实体投资回报率；要从根本上解决企业创新能力较弱问题，政府部门应增加财政科技投入，强化金融支持力度，同时，加大知识产权保护，完善科技成果转化和收益分配机制；要解决管理者社会责任意识淡薄问题，政府部门将社会责任信息披露制度化，提出更为细致的社会责任报告指引，完善企业业绩评估体系，将社会责任履行也纳入其中。

（2）保险机构层面。首先，设计董事高管责任保险这一产品时，避免照搬照抄国外的相关条款，应结合中国资本市场和上市公司的现实情况，推出更符合实际、更好限制管理层机会主义行为的保险条款，同时，有效评估参保公司及其管理者的风险，管理者进行虚假陈述或保险机构确定用于建立合同的信息不正确会增加监督成本，保险机构应通过提高价格来补偿自己承担的风险；其次，承保期间也要充分发挥外部监督作用，保险机构通过保险条款等形式对参保企业进行监督和约束；最后，诉讼案件发生时，保险机构对企业及管理者个人行为进行深度调查，如果是因履职时所产生错误或疏忽的不当行为，则进行赔偿，如果是因攫取私利而产生的机会主义行为，可能无法获得理赔。

（3）企业层面。针对管理者的道德风险和机会主义行为所引发的过度金融化、实质性创新不足、社会责任履行较少等问题，首先，要完善企业内部治理结构和治理机制，发挥股东会、董事会以及监事会对管理层行为的监督和制约作用，同时进一步优化股权结构，提高董事会决策效率，改进监事会监督模式。其次，要聘请更加专业和诚信的管理团队，提升其对企业的认同感和忠诚度，利用其知识结构和综合能力帮助企业实现更为长远的发展。然后管理团队要权责明晰，将责任落实到人，有效避免互相推诿责任和信息不对称等问题，并建立相应的长效激励机制，纳入公司章程，积极引导管理者将资源配置到创新、社会责任等能够提升企业综合价值的项目上。最后，要营造尊重知识、崇尚创造、服务社会的企业文化，通过道德标准、社会规范等潜移默化地影响管理者和员工的行为，提高失败容忍度，增强内部凝聚力，积累声誉资本。

（4）投资者层面。一方面，大股东和机构投资者可以凭借其资金规模、信息收集、专业能力等方面的优势，主动参与公司治理，对企业的经营、投资、财务等施加影响，有效监督企业的管理层，抑制道德风险和机会主义行为，消减代理人问题，重塑企业投资策略，进而提升企业绩效与价值。另一方面，中小股东需要强化自身的股东意识，改变以往"用脚投票"的方式，积极行使投票权，参与企业决策，约束机会主义行为，实现各方利益群体的最大公约数。

8.3 研究局限与展望

8.3.1 研究局限

（1）关于董事高管责任保险的测度不够精确。本书采用虚拟变量来衡量企业是否购买董事高管责任保险，这能够在一定程度上反映该保险所产生的经济影响，但虚拟变量应该更加细致化，比如考虑保额、保费、超额保险保额、超额保险保费等指标。然而我国董事高管责任保险的相关信息披露并不是强制性的，导致我们难以获取到购买该保险的企业所投保的额度、花费的金额等详细信息。随着未来相关信息披露制度的逐步完善，在今后研究中可以加以改进。

（2）研究视角有一定的局限性。本书从企业战略选择行为、金融化行为、创新行为以及社会责任行为这四个方面考察董事高管责任保险所带来的经济后果，但仅仅从上述四个方面并不能全方位地分析董事高管责任保险对企业行为的影响。因此，本书研究视角存在一定的局限性，所提出的研究建议可能适用范围有限。

8.3.2 研究展望

（1）董事高管责任保险对企业并购行为的影响。本书的研究根据企业行为经济性的由强到弱，依次考察了金融化、创新和社会责任这三种具体的投资行为，而并购作为企业投资的重要组成部分，越来越成为企业发展壮大的重要渠道之一。因此，探究董事高管责任保险如何影响企业并购行为，包括并购频率、并购金额以及并购绩效等，有助于进一步深入理解在新兴市场中董事高管责任保险的治理效应。

（2）董事高管责任保险对产品多元化的影响。本书的研究已经证实了企业购买董事高管责任保险后，能够缓解融资约束，管理层会产生更高的投资动机。基于产品多元化视角，可以进一步尝试去探究管理者是否会倾向于实施多元化的投资决策，具体是选择相关产品多元化投资还是无关产品多元化投资。如果企业实施相关产品多元化投资，虽然可能延伸市场优势、分散经营风险，但也可能导致企业发展的局限性；如果企业实施无关产品多元化投资，虽然可以获得新技术和新产品，但要承担盲目多元化失败和模糊主营业务的风险，这些都值得我们在后续的研究中深入考察与分析。

参 考 文 献

[1] 步晓宁，赵丽华，刘磊. 产业政策与企业资产金融化 [J]. 财经研究，2020，46（11）.

[2] 蔡竞，董艳. 银行业竞争与企业创新——来自中国工业企业的经验证据 [J]. 金融研究，2016（11）.

[3] 蔡卫星，倪骁然，赵盼，杨亭亭. 企业集团对创新产出的影响：来自制造业上市公司的经验证据 [J]. 中国工业经济，2019（1）.

[4] 曹志来，石常战. 高层管理团队特征对企业战略选择的影响——基于汽车产业 A 股上市公司的实证研究 [J]. 财经问题研究，2014（8）.

[5] 陈承，万珊，朱乐. 国企高管薪酬与企业社会责任——组织冗余与市场化进程的调节作用 [J]. 中国软科学，2019（6）.

[6] 陈红，纳超洪，雨田木子，韩翔飞. 内部控制与研发补贴绩效研究 [J]. 管理世界，2018，34（12）.

[7] 陈华，包也，孙汉. 高管薪酬与社会责任报告的印象管理 [J]. 上海财经大学学报，2021，23（4）.

[8] 陈思，何文龙，张然. 风险投资与企业创新：影响和潜在机制 [J]. 管理世界，2017（1）.

[9] 陈小辉，张红伟. 数字经济如何影响企业风险承担水平 [J]. 经济管理，2021，43（5）.

[10] 崔静波，张学立，庄子银，程郁. 企业出口与创新驱动——来自中关村企业自主创新数据的证据 [J]. 管理世界，2021，37（1）.

[11] 崔秀梅，刘静. 市场化进程、最终控制人性质与企业社会责任——来自中国沪市上市公司的经验证据 [J]. 软科学，2009，22（1）.

［12］戴泽伟，潘松剑．高管金融经历与实体企业金融化［J］．世界经济文汇，2019（2）．

［13］党力，杨瑞龙，杨继东．反腐败与企业创新：基于政治关联的解释［J］．中国工业经济，2015（7）．

［14］董小红，孙文祥．企业金融化、内部控制与审计质量［J］．审计与经济研究，2021（1）．

［15］董盈厚，马亚民，董馨格．董事高管责任保险能够抑制金融资产配置吗？——来自2007—2019年非金融上市公司的经验证据［J］．上海财经大学学报，2021，23（5）．

［16］杜勇，邓旭．中国式融资融券与企业金融化——基于分批扩容的准自然实验［J］．财贸经济，2020，41（2）．

［17］杜勇，何硕颖，陈建英．企业金融化影响审计定价吗［J］．审计研究，2019（4）．

［18］杜勇，谢瑾，陈建英．CEO金融背景与实体企业金融化［J］．中国工业经济，2019b（5）．

［19］杜勇，张欢，陈建英．金融化对实体企业未来主业发展的影响：促进还是抑制［J］．中国工业经济，2017（12）．

［20］段军山，庄旭东．金融投资行为与企业技术创新——动机分析与经验证据［J］．中国工业经济，2021（1）．

［21］方红星，楚有为．公司战略与商业信用融资［J］．南开管理评论，2019，22（5）．

［22］顾雷雷，郭建鸾，王鸿宇．企业社会责任、融资约束与企业金融化［J］．金融研究，2020（2）．

［23］郭静．CEO薪酬、分析师关注与企业社会责任［J］．西安建筑科技大学学报（社会科学版），2019，38（6）．

［24］郝项超，梁琪，李政．融资融券与企业创新：基于数量与质量视角的分析［J］．经济研究，2018，53（6）．

［25］郝照辉，胡国柳．董事高管责任保险、私有收益与公司并购行为的研究［J］．保险研究，2014（12）．

[26] 何瑛，于文蕾，戴逸驰，王砚羽．高管职业经历与企业创新 [J]．管理世界，2019，35（11）．

[27] 何瑛，于文蕾，杨棉之．CEO 复合型职业经历、企业风险承担与企业价值 [J]．中国工业经济，2019（9）．

[28] 何玉润，林慧婷，王茂林．产品市场竞争、高管激励与企业创新——基于中国上市公司的经验证据 [J]．财贸经济，2015（2）．

[29] 洪怡恬．银企和政企关系、企业所有权性质与融资约束 [J]．宏观经济研究，2014（9）．

[30] 侯青川，靳庆鲁，陈明端．经济发展、政府偏袒与公司发展——基于政府代理问题与公司代理问题的分析 [J]．经济研究，2015，50（1）．

[31] 胡国柳，常启国．董事高管责任保险、党组织治理与企业内部控制缺陷 [J]．中国软科学，2022（5）．

[32] 胡国柳，胡珺．董事高管责任保险与企业风险承担：理论路径与经验证据 [J]．会计研究，2017（5）．

[33] 胡国柳，康岚．董事高管责任保险需求动因及效应研究述评与展望 [J]．外国经济与管理，2014，36（3）．

[34] 胡国柳，彭远怀．董事高管责任保险与企业债务成本——基于 A 股上市公司的经验证据 [J]．金融经济学研究，2017，32（6）．

[35] 胡国柳，谭露．董事高管责任保险与信用评级——基于中国 A 股上市公司的经验分析 [J]．保险研究，2018（9）．

[36] 胡国柳，王禹．董事高管责任保险与企业差异化战略 [J]．商业经济与管理，2019（11）．

[37] 胡国柳，赵阳，胡珺．D&O 保险、风险容忍与企业自主创新 [J]．管理世界，2019，35（8）．

[38] 胡海峰，窦斌，王爱萍．企业金融化与生产效率 [J]．世界经济，2020，43（1）．

[39] 胡奕明，王雪婷，张瑾．金融资产配置动机："蓄水池"或"替代"？——来自中国上市公司的证据 [J]．经济研究，2017，52（1）．

[40] 黄雷，张瑛，叶勇．媒体报道、法律环境与社会责任信息披露 [J]．

贵州财经大学学报，2016（5）.

[41] 黄送钦. 中国实体企业金融化及其效应研究 [D]. 南京：东南大学，2018.

[42] 贾宁，梁楚楚. 董事高管责任保险、制度环境与公司治理——基于中国上市公司盈余管理的视角 [J]. 保险研究，2013（7）.

[43] 贾鲜凤，田高良. 高管薪酬激励、代理成本与企业社会责任 [J]. 财会通讯，2019（33）.

[44] 靳小翠. 企业文化会影响企业社会责任吗？——来自中国沪市上市公司的经验证据 [J]. 会计研究，2017（2）.

[45] 赖黎，唐芸茜，夏晓兰，马永强. 董事高管责任保险降低了企业风险吗？——基于短贷长投和信贷获取的视角 [J]. 管理世界，2019，35（10）.

[46] 黎文靖，李茫茫. "实体＋金融"：融资约束、政策迎合还是市场竞争？——基于不同产权性质视角的经验研究 [J]. 金融研究，2017（8）.

[47] 黎文靖，郑曼妮. 实质性创新还是策略性创新？——宏观产业政策对微观企业创新的影响 [J]. 经济研究，2016，51（4）.

[48] 李从刚，许荣. 保险治理与公司违规——董事高管责任保险的治理效应研究 [J]. 金融研究，2020（6）.

[49] 李建军，韩珣. 非金融企业影子银行化与经营风险 [J]. 经济研究，2019，54（8）.

[50] 李建强，赵西亮. 劳动保护与企业创新——基于《劳动合同法》的实证研究 [J]. 经济学（季刊），2020，19（1）.

[51] 李井林，阳镇. 董事会性别多元化、企业社会责任与企业技术创新——基于中国上市公司的实证研究 [J]. 科学学与科学技术管理，2019，40（5）.

[52] 李林木，汪冲. 税费负担、创新能力与企业升级——来自"新三板"挂牌公司的经验证据 [J]. 经济研究，2017，52（11）.

[53] 李善民，陈玉罡. 企业并购：基于相对交易成本视角的初步研究 [J]. 中山大学学报（社会科学版），2004（6）.

[54] 李姝，翟士运，古朴. 非控股股东参与决策的积极性与企业技术创

新 [J]. 中国工业经济, 2018 (7).

[55] 李小青, 周建. 董事会群体断裂带对企业战略绩效的影响研究——董事长职能背景和董事会持股比例的调节作用 [J]. 外国经济与管理, 2015, 37 (11).

[56] 李志斌, 章铁生. 内部控制、产权性质与社会责任信息披露——来自中国上市公司的经验证据 [J]. 会计研究, 2017 (10).

[57] 梁榜, 张建华. 数字普惠金融发展能激励创新吗?——来自中国城市和中小企业的证据 [J]. 当代经济科学, 2019, 41 (5).

[58] 梁上坤, 徐灿宇, 王瑞华. 董事会断裂带与公司股价崩盘风险 [J]. 中国工业经济, 2020 (3).

[59] 梁上坤, 张宇, 王彦超. 内部薪酬差距与公司价值——基于生命周期理论的新探索 [J]. 金融研究, 2019 (4).

[60] 凌士显, 凌鸿程, 郭建强. 董事高管责任保险与上市公司关联交易——基于我国上市公司经验数据的检验 [J]. 证券市场导报, 2020 (3).

[61] 刘刚, 于晓东. 高管类型与企业战略选择的匹配——基于行业生命周期与企业能力生命周期协同的视角 [J]. 中国工业经济, 2015 (10).

[62] 刘贯春, 张军, 刘媛媛. 金融资产配置、宏观经济环境与企业杠杆率 [J]. 世界经济, 2018, 41 (1).

[63] 刘贯春. 金融资产配置与企业研发创新:"挤出"还是"挤入" [J]. 统计研究, 2017, 34 (7).

[64] 刘华, 魏娟, 巫丽兰. 企业社会责任能抑制盈余管理吗?——基于强制披露企业社会责任报告准实验 [J]. 中国软科学, 2016 (4).

[65] 刘姝雯, 刘建秋, 阳旸, 杨胜刚. 企业社会责任与企业金融化:金融工具还是管理工具? [J]. 会计研究, 2019 (9).

[66] 刘伟, 曹瑜强. 机构投资者驱动实体经济"脱实向虚"了吗 [J]. 财贸经济, 2018, 39 (12).

[67] 刘行. 企业的战略类型会影响盈余特征吗——会计稳健性视角的考察 [J]. 南开管理评论, 2016, 19 (4).

[68] 鲁春义, 丁晓钦. 经济金融化行为的政治经济学分析——一个演化

博弈框架 [J]. 财经研究, 2016, 42 (7).

[69] 罗宏, 黄婉. 多个大股东并存对高管机会主义减持的影响研究 [J]. 管理世界, 2020, 36 (8).

[70] 马连福, 王丽丽, 张琦. 投资者关系管理对股权融资约束的影响及路径研究——来自创新型中小企业的经验证据 [J]. 财贸研究, 2015, 26 (1).

[71] 孟庆斌, 侯粲然. 社会责任履行与企业金融化——信息监督还是声誉保险 [J]. 经济学动态, 2020 (2).

[72] 孟庆斌, 李昕宇, 蔡欣园. 公司战略影响公司违规行为吗 [J]. 南开管理评论, 2018, 21 (3).

[73] 孟庆斌, 李昕宇, 张修平. 卖空机制、资本市场压力与公司战略选择 [J]. 中国工业经济, 2019 (8).

[74] 潘敏, 袁歌骋. 金融中介创新对企业技术创新的影响 [J]. 中国工业经济, 2019 (6).

[75] 潘越, 汤旭东, 宁博, 杨玲玲. 连锁股东与企业投资效率: 治理协同还是竞争合谋 [J]. 中国工业经济, 2020 (2).

[76] 潘镇, 何侍沅, 李健. 女性高管、薪酬差距与企业战略差异 [J]. 经济管理, 2019, 41 (2).

[77] 彭韶兵, 王玉, 唐嘉尉. 董事高管责任保险与投资效率——基于合同条款的实证检验 [J]. 保险研究, 2018 (3).

[78] 彭俞超, 韩珣, 李建军. 经济政策不确定性与企业金融化 [J]. 中国工业经济, 2018 (1).

[79] 蒲艳萍, 顾冉. 劳动力工资扭曲如何影响企业创新 [J]. 中国工业经济, 2019 (7).

[80] 权小锋, 醋卫华, 尹洪英. 高管从军经历、管理风格与公司创新 [J]. 南开管理评论, 2019, 22 (6).

[81] 权小锋, 吴世农, 尹洪英. 企业社会责任与股价崩盘风险: "价值利器" 或 "自利工具"? [J]. 经济研究, 2015, 50 (11).

[82] 宋建波, 文雯, 王德宏. 海归高管能促进企业风险承担吗——来自中国 A 股上市公司的经验证据 [J]. 财贸经济, 2017, 38 (12).

［83］宋军，陆旸 . 非货币金融资产和经营收益率的 U 形关系——来自我国上市非金融公司的金融化证据［J］. 金融研究，2015（6）.

［84］孙健，王百强，曹丰，刘向强 . 公司战略影响盈余管理吗？［J］. 管理世界，2016（3）.

［85］孙泽宇，齐保垒 . 放松卖空管制与企业社会责任——基于融资融券制度的准自然实验［J］. 当代财经，2020（2）.

［86］王百强，侯粲然，孙健 . 公司战略对公司经营绩效的影响研究［J］. 中国软科学，2018（1）.

［87］王红建，曹瑜强，杨庆，杨筝 . 实体企业金融化促进还是抑制了企业创新——基于中国制造业上市公司的经验研究［J］. 南开管理评论，2017，20（1）.

［88］王化成，侯粲然，刘欢 . 战略定位差异、业绩期望差距与企业违约风险［J］. 南开管理评论，2019，22（4）.

［89］王化成，张修平，高升好 . 企业战略影响过度投资吗［J］. 南开管理评论，2016，19（4）.

［90］王化成，张修平，侯粲然，李昕宇 . 企业战略差异与权益资本成本——基于经营风险和信息不对称的中介效应研究［J］. 中国软科学，2017（9）.

［91］王建琼，曹世蛟 . 高管连锁、同业监督与公司违规［J］. 证券市场导报，2020（4）.

［92］王靖宇，张宏亮 . 债务融资与企业创新效率——基于《物权法》自然实验的经验证据［J］. 中国软科学，2020（4）.

［93］王克敏，王华杰，李栋栋，戴杏云 . 年报文本信息复杂性与管理者自利——来自中国上市公司的证据［J］. 管理世界，2018，34（12）.

［94］王琨，陈胜蓝，李晓雪 . 集团关联担保与公司融资约束［J］. 金融研究，2014（9）.

［95］王垒，刘新民，吴士健，范柳 . 创业企业 IPO 后所有权类型集中度、董事会主导功能与多元化战略选择［J］. 南开管理评论，2018，21（3）.

［96］王文甫，明娟，岳超云 . 企业规模、地方政府干预与产能过剩［J］. 管理世界，2014（10）.

［97］王小鲁，樊纲，余静文．中国分省份市场化指数报告（2018）［M］．北京：社会科学文献出版社，2019．

［98］王瑶，黄贤环．内部控制与实体企业金融化：治理效应抑或助推效应［J］．财经科学，2020（2）．

［99］王勇，芦雪瑶．资本市场开放对企业避税的治理效应：基于"陆港通"开通的准自然实验证据［J］．世界经济研究，2022（1）．

［100］王永进，冯笑．行政审批制度改革与企业创新［J］．中国工业经济，2018（2）．

［101］文雯，宋建波．高管海外背景与企业社会责任［J］．管理科学，2017，30（2）．

［102］温忠麟．张雷，侯杰泰，刘红云．中介效应检验程序及其应用［J］．心理学报，2004（5）．

［103］吴超鹏，唐菂．知识产权保护执法力度、技术创新与企业绩效——来自中国上市公司的证据［J］．经济研究，2016，51（11）．

［104］吴德军．公司治理、媒体关注与企业社会责任［J］．中南财经政法大学学报，2016（5）．

［105］许罡．企业社会责任履行抑制商誉泡沫吗？［J］．审计与经济研究，2020，35（1）．

［106］许荣，刘怡君．董事高管责任保险影响公司价值吗？——基于新《证券法》修订事件研究的证据［J］．金融评论，2021，13（3）．

［107］闫海洲，陈百助．产业上市公司的金融资产：市场效应与持有动机［J］．经济研究，2018，53（7）．

［108］闫红蕾，张自力，赵胜民．资本市场发展对企业创新的影响——基于上市公司股票流动性视角［J］．管理评论，2020，32（3）．

［109］杨道广，陈汉文，刘启亮．媒体压力与企业创新［J］．经济研究，2017，52（8）．

［110］杨德明，史亚雅．内部控制质量会影响企业战略行为么？——基于互联网商业模式视角的研究［J］．会计研究，2018（2）．

［111］杨建君，王婷，刘林波．股权集中度与企业自主创新行为：基于

行为动机视角 [J]. 管理科学, 2015, 28 (2).

[112] 杨林, 和欣, 顾红芳. 高管团队经验、动态能力与企业战略突变: 管理自主权的调节效应 [J]. 管理世界, 2020, 36 (6).

[113] 殷治平, 张兆国. 管理者任期、内部控制与战略差异 [J]. 中国软科学, 2016 (12).

[114] 游家兴, 邹雨菲. 社会资本、多元化战略与公司业绩——基于企业家嵌入性网络的分析视角 [J]. 南开管理评论, 2014, 17 (5).

[115] 于长宏, 原毅军. CEO过度自信与企业创新 [J]. 系统工程学报, 2015, 30 (5).

[116] 余明桂, 李文贵, 潘红波. 管理者过度自信与企业风险承担 [J]. 金融研究, 2013 (1).

[117] 余明桂, 钟慧洁, 范蕊. 业绩考核制度可以促进央企创新吗? [J]. 经济研究, 2016, 51 (12).

[118] 余明桂, 钟慧洁, 范蕊. 分析师关注与企业创新——来自中国资本市场的经验证据 [J]. 经济管理, 2017, 39 (3).

[119] 余琰, 李怡宗. 高息委托贷款与企业创新 [J]. 金融研究, 2016 (4).

[120] 余泳泽, 郭梦华, 胡山. 社会失信环境与民营企业成长——来自城市失信人的经验证据 [J]. 中国工业经济, 2020 (9).

[121] 虞义华, 赵奇锋, 鞠晓生. 发明家高管与企业创新 [J]. 中国工业经济, 2018 (3).

[122] 袁蓉丽, 文雯, 谢志华. 董事高管责任保险和财务报表重述 [J]. 会计研究, 2018 (5).

[123] 曾萍, 邹绮虹. 女性高管参与对企业技术创新的影响——基于创业板企业的实证研究 [J]. 科学学研究, 2012, 30 (5).

[124] 张成思, 张步昙. 中国实业投资率下降之谜: 经济金融化视角 [J]. 经济研究, 2016, 51 (12).

[125] 张杰, 郑文平, 翟福昕. 竞争如何影响创新: 中国情景的新检验 [J]. 中国工业经济, 2014 (11).

[126] 张可云，刘敏. 媒体关注与企业社会责任履行——基于城市规模的调节作用 [J]. 学术月刊，2021，53（9）.

[127] 张双鹏，周建，周飞谷. 混合所有制改革对企业战略变革的影响研究——基于结构性权力的视角 [J]. 管理评论，2019，31（1）.

[128] 章元，程郁，佘国满. 政府补贴能否促进高新技术企业的自主创新？——来自中关村的证据 [J]. 金融研究，2018（10）.

[129] 赵子夜，杨庆，陈坚波. 通才还是专才：CEO 的能力结构和公司创新 [J]. 管理世界，2018，34（2）.

[130] 钟熙，宋铁波，陈伟宏，唐元佑. 分析师期望落差会促进战略变革吗？——来自中国制造业上市公司的经验证据 [J]. 管理评论，2020，32（2）.

[131] 周煊，孟庆丽，刘晓辉. 女性董事对企业社会责任履行的影响——以慈善捐赠为例 [J]. 北京工商大学学报（社会科学版），2016，31（4）.

[132] 朱冰，张晓亮，郑晓佳. 多个大股东与企业创新 [J]. 管理世界，2018，34（7）.

[133] 朱映惠，王玖令. 实体企业金融投资的经济效应研究——基于企业资金配置脱实向虚的视角 [J]. 金融监管研究，2017（6）.

[134] Adams M, Lin C, Zou H. Chief executive officer incentives, monitoring, and corporate risk management: Evidence from insurance use [J]. Journal of Risk and Insurance, 2011, 78 (3).

[135] Adhikari B K. Causal effect of analyst following on corporate social responsibility [J]. Journal of Corporate Finance, 2016 (41).

[136] Aghion P, Bloom N et al. Competition and innovation: An inverted-U relationship [J]. Quarterly Journal of Economics, 2005, 120 (2).

[137] Aghion P, Howitt P. Growth with quality-improving innovations: An integrated framework [J]. Handbook of Economic Growth, 2004, 1 (5).

[138] Akerlof G A. The market for "Lemons": Quality uncertainty and the market mechanism [J]. Quarterly Journal of Economics, 1970, 81 (3).

[139] Alexander D, Lins K V et al. Do institutional investors drive corporate

social responsibility? International evidence [J]. Journal of Financial Economics, 2019, 131 (3).

[140] An H, Chen C R et al. Corporate innovation: Do diverse boards help? [J]. Journal of Financial and Quantitative Analysis, 2019, 56 (1).

[141] Arrighi G. The long twentieth century: Money, power and the origins of our times [M]. New York: Verso, 1994.

[142] Baker T, Griffith S J. Predicting corporate governance risk: Evidence from the directors' & (and) officers' liability insurance market [J]. The University of Chicago Law Review, 2007 (74).

[143] Baker T, Griffith S J. Ensuring corporate misconduct: How liability insurance undermines shareholder litigation [M]. Chicago: The University of Chicago Press, 2010.

[144] Balsmeier B, Fleming L, Manso G. Independent boards and innovation [J]. Journal of Financial Economics, 2017, 123 (3).

[145] Barrese J, Scordis N. Managerial bias in corporate governance and the effect of D&O insurance: A literature review and synthesis [J]. International Journal of Disclosure and Governance, 2006, 3 (3).

[146] Bednar M K, Boivie S, Prince N R. Burr under the saddle: How media coverage influences, strategic change [J]. Organization Science, 2013, 24 (3).

[147] Bénabou R, Tirole J. Individual and corporate social responsibility [J]. Economica, 2010, 77.

[148] Bentley K, Omer T, Sharp N. Business strategy, financial reporting irregularities, and audit effort [J]. Contemporary Accounting Research, 2013, 30 (2).

[149] Berle A A, Means G C. The modern corporation and private property [M]. New York: Macmillan, 1932.

[150] Bernstein S. Does going public affect innovation? [J], Journal of Finance, 2015, 70 (4).

[151] Bhaduri A. A Contribution to the theory of financial fragility and crisis [J]. Cambridge Journal of Economics, 2011, 35 (6).

[152] Bhagat S, Brickley J A, Coles J L. Managerial indemnification and liability insurance: The effect on shareholder wealth [J]. Journal of Risk and Insurance, 1987 (55).

[153] Bhattacharya U, Hsu P H et al. What affects innovation more: Policy or policy uncertainty? [J]. Journal of Financial and Quantitative Analysis, 2017, 52 (5).

[154] Boubakri N, Ghalleb N, Boyer M. Managerial opportunism in accounting choice: Evidence from directors' and officers' liability insurance purchases [R]. Working Paper, 2008.

[155] Boyer M M, Delvaux-Derome M. The demand for directors' and officers' liability insurance in Canada [R]. Working Paper, 2002.

[156] Boyer M M, Stern L H. D&O insurance and IPO performance: What can we learn from insurers? [J]. Journal of Financial Intermediation, 2014, 23 (4).

[157] Boyer M M, Tennyson S. Directors' and officers' liability insurance, corporate risk and risk taking: New panel data evidence on the role of directors' and officers' liability insurance [J]. Journal of Risk and Insurance, 2015, 82 (4).

[158] Brav A, Jiang W et al. How does hedge fund activism reshape corporate innovation? [J]. Journal of Financial Economics, 2018, 130 (2).

[159] Brenner S. The risk preferences of U. S. executives [J]. Management Science, 2015, 61 (6).

[160] Brock D M, Yaffe T. International diversification and performance: The mediating role of implementation [J]. International Business Review, 2008, 17 (5).

[161] Brook Y, Rao K S. Shareholder wealth effects of directors' liability limitation provisions [J]. Journal of Financial and Quantitative Analysis, 1994, 29.

[162] Brown J R, Petersen B C. Cash holdings and R&D smoothing [J]. Journal of Corporate Finance, 2011, 17 (3).

[163] Buckley P J, Casson M C. The future of the multinational enterprise [M].

London: Homes and Meier Press, 1976.

[164] Chalmers J M R, Dann L Y, Harford J. Managerial opportunism? Evidence from directors' and officers' insurance purchases [J]. Journal of Finance, 2002, 57 (2).

[165] Chemmanur T J, Loutskina E, Tian X. Corporate venture capital, value creation, and innovation [J]. Review of Financial Studies, 2014, 27 (8).

[166] Chen T, Dong H, Lin C. Institutional shareholders and corporate social responsibility [J]. Journal of Financial Economics, 2020, 135 (2).

[167] Chen Z, Li O Z, Zou H. Directors' and officers' liability insurance and the cost of equity [J]. Journal of Accounting and Economics, 2016, 61 (1).

[168] Cheng B, Ioannou I, Serafeim G. Corporate social responsibility and access to finance [J]. Strategic Management Journal, 2014, 35.

[169] Chi H Y, Gong J J et al. Effects of directors' and officers' liability insurance on corporate diversification [R]. Working Paper, 2013.

[170] Chung H H, Hillegeist S A, Wynn J P. Directors' and officers' legal liability insurance and audit pricing [J]. Journal of Accounting and Public Policy, 2015, 34 (6).

[171] Chung H H, Wynn J P. Managerial legal liability coverage and earnings conservatism [J]. Journal of Accounting and Economics, 2008, 46 (1).

[172] Core J E. On the corporate demand for directors' and officers' insurance [J]. The Journal of Risk and Insurance, 1997 (64).

[173] Core J E. The directors' and officers' insurance premium: An outside assessment of the quality of corporate governance [J]. Journal of Law, Economics, and Organization, 2000, 16 (2).

[174] Cornaggia J, Li J Y. The value of access to finance: Evidence from M&As [J]. Journal of Financial Economics, 2019, 131 (1).

[175] Cornaggia J, Mao Y, et al. Does banking competition affect innovation [J]. Journal of Financial Economics, 2015, 115 (1).

[176] Cronqvist H, Yu F. Shaped by their daughters: Executives, female so-

cialization, and corporate social responsibility [J]. Journal of Financial Economics, 2017, 126 (3).

[177] Croson R, Gneezy U. Gender differences in preferences [J]. Journal of Economic Literature, 2009, 47 (2).

[178] Custódio C, Ferreira M A, Matos P. Do general managerial skills spur innovation? [J]. Management Science, 2019, 65 (2).

[179] Dai L, Shen R, Zhang B. Does the media spotlight burn or spur innovation? [J]. Review of Accounting Studies, 2021, 26 (1).

[180] Davidson R H, Dey A, Smith A J. CEO materialism and corporate social responsibility [J]. Accounting Review, 2019, 94 (1).

[181] Demir F. Financial liberalization, private investment and portfolio choice: Financialization of real sectors in emerging markets [J]. Journal of Development Economics, 2009, 88 (2).

[182] Dittmar A, Duchin R. Looking in the rearview mirror: The effect of managers' professional experience on corporate financial policy [J]. Review of Financial Studies, 2015, 29 (3).

[183] Duguet E. Innovation height, spillovers and TFP growth at the firm level: Evidence from French manufacturing [J]. Economics of Innovation and New technology, 2006, 15 (4 – 5).

[184] Kong D, Shu Y, Wang Y. Corruption and corporate social responsibility: Evidence from a quasi-natural experiment in China [J]. Journal of Asian Economics, 2021 (75).

[185] Dow J, Raposo C C. CEO compensation, change, and corporate strategy [J]. Journal of Finance, 2005, 60 (6).

[186] Faccio M, Marchica M T, Mura R. CEO gender, corporate risk-taking, and the efficiency of capital allocation [J]. Journal of Corporate Finance, 2016 (39).

[187] Fang L, Lerner J, Wu C. Intellectual property rights protection, ownership, and innovation: Evidence from China [J]. The Review of Financial Stud-

ies, 2017, 30 (7).

[188] Ferris S P, Jandik T et al. Derivative lawsuits as a corporate governance mechanism: Empirical evidence on board changes surrounding filings [J]. Journal of Financial and Quantitative Analysis, 2007 (42).

[189] Fremeth A R, Holburn G L F. The impact of political directors on corporate strategy for government-owned utilities: Evidence from ontario's electricity distribution sector [J]. Energy Policy, 2020 (143).

[190] Galasso A, Simcoe T S. CEO overconfidence and innovation [J]. Management Science, 2011, 57 (8).

[191] Ghoul S E, Guedhami O et al. Does Corporate social responsibility affect the cost of capital? [J]. Journal of Banking and Finance, 2011 (35).

[192] Ghoul S. E, Guedhami O, Kim Y. Country-level institutions, firm value, and the role of corporate social responsibility initiatives [J]. Journal of International Business Studies, 2017 (48).

[193] Gillan S L, Panasian C A. On lawsuits, corporate governance, and directors' and officers' liability insurance [J]. Journal of Risk and Insurance, 2015 (82).

[194] González I, Sala H. Investment crowding-out and labor market effects of financialization in the US [J]. Scottish Journal of Political Economy, 2014, 61 (5).

[195] Griffith R, Macartney G. Employment protection legislation, multinational firms, and innovation [J]. Review of Economics and Statistics, 2014, 96 (1).

[196] Guariglia A, Liu P. To what extent do financing constraints affect Chinese firms' innovation activities? [J]. International Review of Financial Analysis, 2014 (36).

[197] Hadlock C J, Pierce J R. New evidence on measuring financial constraints: Moving beyond the KZ index [J]. The Review of Financial Studies, 2010, 23 (5).

[198] Hambrick D C, Mason P A. Upper echelons: The organization as a reflection of its top managers [J]. Academy of Management Review, 1984, 9 (2).

[199] Hambrick D C. Upper echelons theory: An update [J]. The Academy

of Management Review, 2007, 32 (2).

[200] Hazen T L, Hazen L L. Duties of nonprofit corporate directors-emphasizing oversight responsibilities [J]. North Carolina Law Review, 2012 (90).

[201] He J, Tian X. The dark side of analyst coverage: The case of innovation [J]. Journal of Financial Economics, 2013, 109 (3).

[202] Hegde S P, Mishra D R. Married CEOs and corporate social responsibility [J]. Journal of Corporate Finance, 2019 (58).

[203] Higgins D, Omer T, Phillips J. The influence of a firm's business strategy on its tax aggressiveness [J]. Contemporary Accounting Research, 2015, 32 (2).

[204] Howell S T. Financing innovation: Evidence from R&D grants [J]. American Economic Review, 2017, 107 (4).

[205] Hsu P H, Tian X, Xu Y. Financial development and innovation: Cross-country evidence [J]. Journal of Financial Economics, 2014, 112 (1).

[206] Hwang J H, Kim B. Directors' and officers' liability insurance and firm value [J]. Journal of Risk and Insurance, 2018, 85 (2).

[207] Jensen M C, Meckling W H. Theory of the firm: Managerial behavior, agency costs and ownership structure [J]. Journal of Financial Economics, 1976, 3 (4).

[208] Jia N, Mao X, Yuan R. Political connections and directors' and officers' liability insurance: Evidence from China [J]. Journal of Corporate Finance, 2019 (58).

[209] Jia N, Tang X. Directors' and officers' liability insurance, independent director behavior, and governance effect [J]. Journal of Risk and Insurance, 2018, 85 (4).

[210] Jia N, Tian X, Zhang W. The real effects of tournament incentives: The case of firm innovation [R]. Working Paper, 2016.

[211] Kaplan S N. Zingales L. Do financing constraints explain why investment is correlated with cash flow? [J]. Quarterly Journal of Economics, 1997 (112).

[212] Kim I. Directors' and officers' insurance and opportunism in accounting

choice [J]. Accounting and Taxation, 2015, 7 (1).

[213] Kim J B, Li Y, Zhang L. Corporate tax avoidance and stock price crash risk: Firm-level analysis [J]. Journal of Financial Economics, 2011, 99 (3).

[214] Kitzmueller M, Shimshack J. Economic perspectives on corporate social responsibility [J]. Journal of Economic Literature, 2012 (50).

[215] Krippner G R. The financialization of the American economy [J]. Socio-Economic Review, 2005, 3 (2).

[216] Lai Y H, Tai V W. Managerial overconfidence and directors' and officers' liability insurance [J]. Pacific-Basin Finance Journal, 2019 (57).

[217] Lee J H, Byun H S, Park K S. Product market competition and corporate social responsibility activities: Perspectives from an emerging economy [J]. Pacific-Basin Finance Journal, 2018 (49).

[218] Li K F, Liao Y P. Directors' and officers' liability insurance and investment efficiency: Evidence from Taiwan [J]. Pacific-Basin Finance Journal, 2014 (29).

[219] Li X, Tong Y, Xu G. Directors' and officers' liability insurance and bond credit spreads: Evidence from China [J]. China Journal of Accounting Research, 2022, 15 (2).

[220] Liang H, Renneboog L. On the foundations of corporate social responsibility [J]. Journal of Finance, 2017 (72).

[221] Lin C, Lin P et al. Managerial incentives, CEO characteristics and corporate innovation in China's private sector [J]. Journal of Comparative Economics, 2011, 39 (2).

[222] Lin C, Officer M S, Wang R. Directors' and officers' liability insurance and loan spreads [J]. Journal of Financial Economics, 2013, 110 (1).

[223] Lin C, Officer M S, Zou H. Directors' and officers' liability insurance and acquisition outcomes [J]. Journal of Financial Economics, 2011, 102 (3).

[224] Lins K V, Servaes H, Tamayo A. Social capital, trust, and firm performance: The value of corporate social responsibility during the financial crisis [J].

Journal of Finance, 2017 (72).

[225] Liou C H, Liu J L et al. Effects of director and officer liability insurance coverage on information disclosure quality and corporate fraud [J]. Emerging Markets Finance and Trade, 2017, 53 (4).

[226] Luong H, Moshirian F et al. How do foreign institutional investors enhance firm innovation? [J]. Journal of Financial and Quantitative Analysis, 2017, 52 (4).

[227] March J. Exploration and exploitation in organizational learning [J]. Organization Science, 1991, 2 (1).

[228] Masulis R W, Reza S W. Agency problems of corporate philanthropy [J]. Review of Financial Studies, 2015, 28 (2).

[229] Mayers D, Smith C. On the corporate demand for insurance [J]. Journal of Business, 1982, 55.

[230] McWilliams A, Siegel D. Corporate social responsibility: A theory of the firm perspective [J]. Academy of Management Review, 2001, 26 (1).

[231] Miles R E, Snow C C. Organizational strategy, structure and process [M]. California: Stanford University Press, 2003.

[232] Mukherjee A, Singh M, Žaldokas A. Do corporate taxes hinder innovation? [J]. Journal of Financial Economics, 2017, 124 (1).

[233] Navissi F, Sridharan V, Khedmati M. Business strategy, over- (under-) investment and managerial compensation [J]. Journal of Management Accounting Research, 2017, 29 (2).

[234] Orhangazi O. Financialization and capital accumulation in the non-financial corporate sector: A theoretical and empirical invetigation on the US economy, 1973 – 2003 [J]. Cambridge Journal of Economics, 2008, 32 (6).

[235] O'Sullivan N. Insuring the agents: The role of directors' and officers' insurance in corporate governance [J]. Journal of Risk and Insurance, 1997, 64 (3).

[236] O'Sullivan N. The demand for directors' and officers' insurance by large UK companies [J]. European Management Journal, 2002, 20 (5).

[237] O'Sullivan N. The impact of directors' and officers' insurance on audit pricing: Evidence from UK companies [J]. Accounting Forum, 2009 (33).

[238] Palley T I. Financialization: What it is and why it matters [J]. Social Science Electronic Publishing, 2007, 26 (9).

[239] Parry M E, Parry A E. The purchase of insurance by a risk-neutral firm for a risk-averse agent [J]. Financial Services Review, 1991 (1).

[240] Porter M. Competitive strategy: Techniques for analyzing industries and competitors [M]. New York: The Free Press, 1980.

[241] Prem K P, Ng D et al. Risk measures constituting a risk metrics which enables improved decision making: Value-at-risk [J]. Journal of Loss Prevention in the Process Industries, 2010, 23 (2).

[242] Priest G L. The current insurance crisis and modem tort law [J]. Yale Law Journal, 1987, 96 (7).

[243] Rubin B A. Corporate social responsibility as a conflict between shareholders [J]. Journal of Business Ethics, 2010, 97 (1).

[244] Schumpeter J A. The theory of economic development: An inquiry into profits? Capital, credit? Interest and the business cycle [M]. Massachusetts: Harvard University Press, 1934.

[245] Seckin-Halac D, Erdener-Acar E, Zengin-Karaibrahimoglu Y. Ownership and corporate social responsibility: The power of the female touch [J]. European Management Journal, 2021, 39 (6).

[246] Seo H J, Kim H S, Kim Y C. Financialization and the slowdown in Korean firms' R&D investment [J]. Asian Economic Papers, 2012, 11 (3).

[247] Serfling M A. CEO age and the riskiness of corporate policies [J]. Journal of Corporate Finance, 2014 (25).

[248] Spence M. Cost reduction, competition, and industry performance [J]. Econometrica, 1984, 52 (1).

[249] Stiebale J. Cross-border M&As and innovative activity of acquiring and target firms [J]. Journal of International Economics, 2016, 99 (3).

［250］Stiglitz J E. Credit markets and the control of capital ［J］. Journal of Money, Credit and Banking, 1985, 17 (2).

［251］Stockhammer E. Financialisation and the slowdown of accumulation ［J］. Cambridge Journal of Economics, 2004, 28 (5).

［252］Sunder J, Sunder S V, Zhang J. Pilot CEOs and corporate innovation ［J］. Journal of Financial Economics, 2017, 123 (1).

［253］Theurillat T, Corpataux J, Crevoisier O. Property sector financialization: The case of Swiss pension funds (1992 – 2005) ［J］. European Planning Studies, 2010, 18 (2).

［254］Tian X, Wang T Y. Tolerance for failure and corporate innovation ［J］. Review of Financial Studies, 2014, 27 (1).

［255］Tong T W, He W et al. Patent regime shift and firm innovation: Evidence from the Second Amendment to China's Patent Law ［J］. Academy of Management Annual Meeting Proceedings, 2014 (1).

［256］Tori D, Onaran O. The effects of financialisation and financial development on investment: Evidence from firm-level data in Europe ［J］. Cambridge Journal of Economics, 2018, 42 (5).

［257］Treacy M, Wiersema F. The discipline of market leaders ［M］. New Jersey: Addison-Wesley, 1995.

［258］Von-Neumann J. Morgenstern O. Theory of games and economic behavior ［M］. Princeton: Princeton University Press, 1944.

［259］Wang J, Zhang J et al. Directors' and officers' liability insurance and firm innovation ［J］. Economic Modelling, 2020 (89).

［260］Wang Q S, Lai S, Pi S, Anderson H. Does directors' and officers' liability insurance induce empire building? Evidence from corporate labor investment ［J］. Pacific-Basin Finance Journal, 2022 (73).

［261］Williamson O E. The economic institutions of capitalism: Firms, markets, relational contracting ［M］. New York: The Free Press, 1985.

［262］Wowak A J, Mannor M J et al. Earthquake or glacier? How CEO charisma manifests in firm strategy over time [J]. Strategic Management Journal, 2016, 37 (3).

[263] Wynn J P. Legal liability coverage and voluntary disclosure [J]. The Accounting Review, 2008, 83 (6).

[264] Yan S. Do common owners influence corporate social responsibility? Firm-level evidence from China [J]. China Journal of Accounting Research, 2021, 14 (3).

[265] Yang Y, Wang F, Chen S. How strategy changes in different monetary policy conditions [J]. Chinese Management Studies, 2015, 9 (3).

[266] Yermack D. Good timing: CEO stock option awards and company news announcements [J]. Journal of Finance, 1997, 52 (2).

[267] Yuan R, Sun J, Cao F. Directors' and officers' liability insurance and stock price crash risk [J]. Journal of Corporate Finance, 2016, 37.

[268] Zahm S A. Boards of directors and corporate social responsibility performance [J]. European Management Journal, 2011, 7 (2).

[269] Zahra S, Covin J. Business strategy, technology policy and firm performance [J]. Strategic Management Journal, 1993, 14 (6).

[270] Zhuang Y, Chang X, Younggeun L. Board composition and corporate social responsibility performance: Evidence from Chinese public firms [J]. Sustainability, 2018, 10 (8).

[271] Zou H, Adams M B. Debt capacity, cost of debt, and corporate insurance [J]. Journal of Financial and Quantitative Analysis, 2008, 43 (2).

[272] Zou H, Wong S et al. Controlling-minority shareholder incentive conflicts and directors' and officers' liability insurance: Evidence from China [J]. Journal of Banking and Finance, 2008, 32 (12).

后　记

　　忆往昔，风雨苦亦甜。有些经历即使当时再苦涩，只要这页翻过去，如今回想起来，也总能感受到一丝丝甜味。有时还会问一问自己，曾经为什么快乐与忧伤，为什么坚持与放弃。希望是努力生活的信念支撑，它是黑夜里的点点星光，是沙漠中的一片绿洲，是冬日里的一缕暖阳，让我们有理由大步向前走下去，而奋斗则是实现梦想的必由之路，它就像给自己插上了一双翅膀，实现了飞天的愿望。人生之路，不必设限，应该去追求更多的可能性，才能不负来人间走这一遭。

　　成为一名大学教师本不是我计划中的事情。我是一个出生在二十世纪九十年代初的普通小姑娘，在漫长孤寂的童年中，度过了初期学习拼音的艰难和对学校的不适，逐渐成为成绩还行但有点内向敏感的人。经过努力，考入了省重点高中。进入文科实验班，每天都穿着蓝白相间的校服，与做不完的试卷为伴，偶尔看些电影，过着两点一线的简单生活，那三年仿佛是为了考大学这唯一目标而活着，没有梦想，也对自己的人生没有任何规划。但高考的失利让我成长，是复读还是升学？自己喜欢一次就好，不喜欢重新来过，再加上抗压能力也稍显不足，所以选择了后者。大学之初，我对自己未来的四年规划就已经定下，继续读研，进而认真学习、参加社团活动成为大学生活的全部，图书馆和自习室是我最常去的地方。顺利进入硕士阶段，在学习理论知识之外，我还需要撰写学术论文和导师的课题，在写作过程中，逐渐发现自己并不排斥看论文和写论文，但在选题方面一直找不到方向，难以发现一些新的东西，这也是我硕士阶段的主要困惑。

　　后来，在攻读博士学位阶段，我开始被灌输了这样的理念：博士的使命是探索未知、发现真理、拓展人类知识的边界，而成为大学教师是博士毕业后的

"正途"。渐渐地，我发现自己对科研的态度从不排斥到有点兴趣，开始找到一些做学术的感觉，并体会到其中的美妙之处，尤其是论文最终发表时的成就感。在科研过程中，我觉得应具备以下几点：一是探索精神，从依靠导师选题的科研小白到逐渐能自己发现新现象、新问题或者挖掘新数据背后的本质，这不是一蹴而就的，而是一个量变累积引起质变的过程，需要在阅读大量国内外权威和前沿文献的基础之上，思考研究贡献和可能性的创新点，探索研究内容的理论意义和现实意义，立足国情，尝试发现和解决中国问题。二是恒心和耐心，学术研究需要经历问题提出、理论基础、模型构建、数据收集、实证分析、稳健性检验，最后得出结论，是一个漫长且复杂的过程。写好一篇学术论文的初稿后，必不可少地会经历反复修改，意见不仅来自导师、其他熟悉的学者，还有投稿时的编辑和外审专家，每一轮地修改，其实是在不断打磨自己的论文，从中提高自身的语言表达能力和逻辑思维能力，这个过程短则几个月长则好几年，直到获得主编和审稿人的认可。但更多的时候，只收到了一封冰冷的退稿邮件，在经历多次挫折和失败后，对于学者应保持恒心和耐心。三是自律意识，作为一名高校青年教师，除科研外，还承担教学和其他工作，如何保持专注力，高质高效地完成各种任务也是至关重要的。目标导向型对我来说较为有效的方式，为自己设定好短期、中期和长期目标，每一阶段尽可能朝着相应目标努力，去约束自己，去提醒自己，让自己距离成功更加接近。

我的研究方向是公司治理，探讨如何运用公司治理手段保证股东利益的最大化，防止管理者对所有者利益的背离。Oliver Hart 在《公司治理理论与启示》一文中认为公司治理问题的产生要满足两个条件：一是所有者与管理者、大股东与中小股东之间的利益冲突，二是交易费用之大使代理问题不可能通过合约解决。因此，代理问题和合约的不完全性构成了公司治理存在的条件和理论基础。现有研究主要从股东治理、董事会治理、监事会治理、经理层治理、信息披露、利益相关者治理六大维度探讨公司治理的三个核心问题：如何配置和行使控制权；如何监督和评价董事会、管理层和员工；如何设计和实施激励约束机制。过去四年，自己在这个领域不断挖掘和探索，研究成果发表在国内外学术期刊上。

本书共八章，重点介绍了董事高管责任保险与企业行为领域的前沿理论、重要的研究问题、核心的研究思想、研究设计与方法。基于中国 A 股上市公司的数据，从企业战略选择、金融资产投资、技术创新与社会责任四个维度，系统考察中国资本市场中董事高管责任保险的公司治理效应。从学术的角度，有助于更深入地厘清外部利益相关者、管理者决策与微观企业行为之间的互动关系。从实践的角度，可以为政府监管部门、上市公司与资本市场利益相关者就有效履行监管职能、完善我国企业公司治理水平、促进资本市场健康发展提供全景式的理论依据和有价值的政策建议。

在本书付梓之际，我要感谢前辈、同行与亲人对我的关心、指导与支持。我要感谢导师邢斐副教授，感谢他为我打开学术之门，让迷茫的我找到了研究的方向，有信心坚持科研工作。感谢他不辞辛劳的教导，让我逐渐掌握了科研方法，有能力从事学术研究。在我研究上遇到瓶颈、止步不前时，他总能为我指点迷津、开拓思路。令我印象最深刻的就是，在我不知道怎么丰富文章内容，深入分析研究问题的时候，导师提供了切实可行的建议，让我豁然开朗、受益匪浅。感谢与我一同成长的学术小伙伴愿意聆听我的烦恼，在学习和生活中交流沟通，互帮互助。我还要感谢经济科学出版社总编辑陈迈利先生，特别是我的责任编辑胡成洁女士，他们细致而高效的工作使本书的出版过程平稳、顺利。最后，要感谢我的父母和先生，他们无私、坚定的支持是我温暖、坚实的避风港。

最后想感谢自己，虽然不漂亮，不出色，没才华，没家世——不要担心，你的世界里，自己永远是主角，你不会被埋没，你最闪耀。从小学到博士毕业，读书二十二载，感恩这一路自己的"被迫"选择。博士毕业，曲终人散，青春不朽。工作之路，荆棘丛生，未来可期。